内定獲得のメソッド

エントリーシート

実例で分かる書き方

マイナビ

はじめに

エントリーシートは
周囲の協力を得て作成するもの

エントリーシート（ES）は就活の採用選考の中で、唯一、自分以外の力を借りて勝負できる課題です。本書やインターネットから得た知識、また就職課の方や先輩のアドバイスを注ぎ込み、完成度の高いESを目指しましょう。

本書のポイント

大手の厳選採用選考を突破したESを収録。目標にしよう！
見事、選考を突破したリアルなES実例が収録されています。

基本編～充実編とプロセスごとの解説が充実！
今、すぐに作成したい人から、時間をかけてじっくり取り組みたい人まで、
進度に応じた見本・作成解説が豊富です。

自己分析ワークが充実。あなたの最強ネタを掘り起こそう！
「自己」「他己」「企業中心」3つの視点による分析で自己PRを強化しよう。

志望動機作成（業界・職種・会社研究）のコツが充実！
志望動機の研究から作成までのポイントを、分かりやすく解説しています。

就活生のESに著者が加筆・修正した40事例を収録！
先輩が作成した「自己PR」「志望動機」を著書がブラッシュアップ。
改善点が比較しやすく、ES作成の大きな手掛かりになります。

本書を存分に活用して、あなたの素晴らしい人間性や、会社、仕事への思いがしっかりと企業に伝わるES作りに役立ててください。あなたが就活で輝くことを心から祈っています。

岡 茂信

目次

巻頭特集

面接
対策も
バッチリ!!

これが合格した先輩のES・履歴書の実例だ!

ESの作成を始める前に、まずは、優れたES・履歴書とはどんなものか知っておくことが大切です。ここでは、自動車メーカー、電機メーカー、マスコミ、インフラ関連など、大手企業の内定を見事に勝ち取った先輩の実例を紹介します。「合格するES・履歴書」のイメージをつかみ、ES作成のヒントにしましょう。

＊「注目ポイントはココだ!」では、内容において優れたポイントを解説します。「想定される面接での質問内容は…?」では、ESに関連して行われる面接での質問を想定し、その切り口を紹介しています。この巻頭特集に目を通すことで、第1章以降の作成ポイントの説明やワークの必要性を、より理解しやすくなります。

内定者の
履歴書ES
実例紹介

01

履歴書

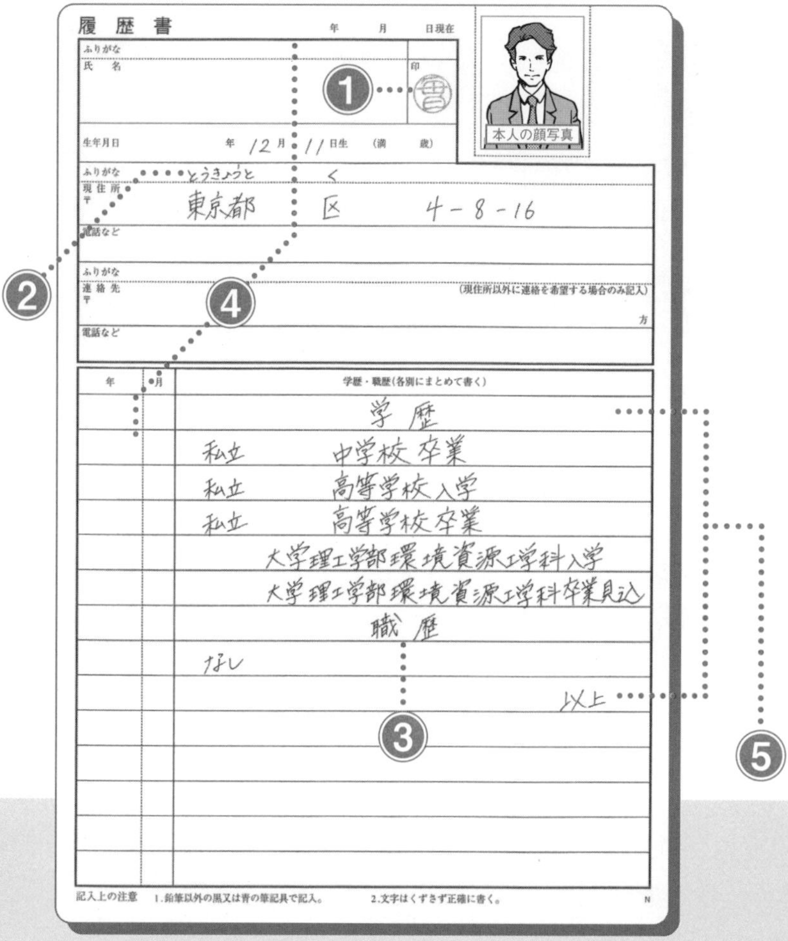

履 歴 書　　年　月　日現在

ふりがな	
氏　名	印
生年月日	年 12 月 11 日生（満　歳）
ふりがな	とうきょうと　く
現住所 〒	東京都　区　4-8-16
電話など	
ふりがな	
連絡先 〒	（現住所以外に連絡を希望する場合のみ記入）方
電話など	

年	月	学歴・職歴（各別にまとめて書く）
		学歴
		私立　中学校 卒業
		私立　高等学校 入学
		私立　高等学校 卒業
		大学理工学部環境資源工学科入学
		大学理工学部環境資源工学科卒業見込
		職歴
		なし
		以上

記入上の注意　1.鉛筆以外の黒又は青の筆記具で記入。　2.文字はくずさず正確に書く。　N

注目ポイントはココだ!

1. 印鑑がかすれることなく、しっかりと押されています。
2. 番地などの数字には「ふりがな」をふる必要はありません。
3. ほぼセンターに文字位置がくるように記入できています。
4. 指定がなければ、西暦ではなく年号で記入しましょう。
5. 全体的に、丁寧にバランスよく記入できています。

年	月	免許・資格
		普通自動車一種免許取得

⑥

得意な科目・分野	自覚している性格
得意科目：数学，化学 得意分野：資源循環工学分野	私は継続力があると思います。テニス，アルバイトなどの経験を通して，努力を続けることにより，自分を成長させることが出来るという自信を得ました。

⑦

スポーツ・クラブ活動・文化活動などの体験から得たもの	特技、アピールポイントなど
高校時代：硬式テニス部（部長） みんなで1つの目標に向けてがんばった。 大学時代：地元のテニスサークル所属 地元の幅広い層とのコミュニケーション能力を得た。	趣味：スポーツ，スポーツ観戦 特技：テニス

⑧

志望の動機

私は新しいものを作り上げ、世の中を「変える」という方法で社会貢献したいという思いを持ち、就職活動してまいりました。その中で、現代社会の先進を行くIT業界に興味を持ちました。中でも、幅広い事業分野を持ち、世の中に多大な影響力を持つ御社ならば、幅広い分野で世の中を「変えて」社会貢献できると思い、御社を志望いたしました。

⑨

本人希望記入欄（特に給料・職種・勤務時間・勤務地・その他についての希望などがあれば記入）

希望する職種はSE，営業です。なぜなら，お客様の声を直接聞き，ニーズに気付き，その解決策を考え，作りあげたいからです。

⑩

通勤時間	扶養家族数（配偶者を除く）	配偶者	配偶者の扶養義務
約 1 時間 10 分	0 人	※ 有 ・ 無（○）	※ 有 ・ 無（○）

リサイクルペーパーを使用しております。　コクヨ

注目ポイントはココだ!

⑥ 挑戦中の資格があれば、1行空けて「現在、○○取得を目指して勉強中」と記入しましょう。

⑦ 一言PR文を加えていることを参考にしましょう。

⑧ 就職ビジョンを紹介している点が参考になります。

⑨ 「影響力を持つ会社」と感じた仕事例を一つ加えると更に良くなります。

⑩ 希望職種と職種志望理由（職種ビジョン）を記入していることを参考にしましょう。

内定者の
履歴書ES
実例紹介

02 大手警備会社

履歴書・自己紹介書

年　　月　　日現在

ふりがな		（西暦）生年月日	
氏　名		年　月　日生（満　歳）	
ふりがな	とうきょうと ねりまく		
現住所	〒(179－　) 東京都練馬区	電話（　）	
Eメールアドレス	@	携帯電話	

年（西暦）	月	学歴・職歴
		学歴
	3	練馬区立　　中学校 卒業
	4	私立　　高等学校 入学
	3	私立　　高等学校 卒業
	4	大学 理学部 化学科 入学
	3	大学 理学部 化学科 卒業見込
		職歴
		なし
		以上

趣味・特技・免許・資格

<免許・資格>
- 普通自動車第一種免許（　年9月取得）
- 講道館柔道 初段（　年3月取得）

<趣味・特技>
- 関節技
- 筋肉トレーニング
- 映画鑑賞（ヒューマンドラマ中心）
- モノマネ（友人多数）

得意な科目または研究課題・ゼミ・卒論など

1 2年後期から3年生の間、週3日.1時～6時に実験がありました。この期間で計23個の実験レポートを課せられ、完璧に仕上がるまでレポートの返却と提出の繰り返しの日々でした。なかなか受理してもらえず焦ったが、70回の提出で全て受理された事で、難題に取り組む忍耐強さ、それを解決する事への執念を体得できました。

学業以外で力を注いだこと（サークル活動・スポーツ・ボランティア・アルバイトなど）

2 柔道部員の活動です。入学当初、自分の可能性を狭めず「好きか嫌いかの前にまず挑戦」を念頭に行動し、前から興味のあった柔道に初挑戦しました。週5日、2時間半の練習、初心者私1人という不安は絶えなかったです。しかし、今では私より10kg重い部員も投げれる技術や体力を習得し、体重も3年間で15kg増えました。「試合に勝利する」という目標に向かった事で苦難を乗り越え、揺るぎ無い根性を築けました。

私のセールスポイント

3 私の性格を一言で言えば「諦めの悪い柔道家」です。自分の意志で決めた事には絶対に負けたくない！という気持ちがあります。理系で部活動所属と多忙な生活を過ごしましたが、その気持ちをバネに柔道を続けてきました。正直、辛さと悔しさで泣いた事もあります。しかし、仲間の支えもあり、何度も立ち上がってきた自分を裏切る訳にはいかないから諦めようとは思いませんでした。大切な仲間と目標があればなおさらです！

志望動機

4 不慮の事故、犯罪、災害など人間は常に不安と共に過ごしています。こうした世の中に今必要な事は「安全の提供」です。どうすれば実行できるか考えた末、安全の提供＝安心の提供が出来る貴社に辿り着きました。様々な事業を展開している事で、安心の提供範囲は無限に広く、私の未知の可能性をさらに開花できると聞きました。いつかどこかで誰かの為に安心を提供し笑顔が増えれば、私が貴社に身を捧げ額に汗を流す意味はあります。

各欄で表現できなかったこと、その他特に強調したい事柄

5 3年間スポーツクラブでフロント業務をしています。スタッフとしてお客様を第一に考える事が鉄則です。会員種別で悩む方やトレーニング成果にお悩みの方へ、適切な種別のご案内やお勧めのサプリメントの提供などを行いました。不安を解決した方の「ありがとう」により、人の役に立つ快感を得ることができました。

※学歴は原則として中学校卒業から記入。　※黒または青インク、楷書、算用数字で記入すること。

注目ポイントはココだ!

1. 時間やレポート数=数字を使った表現。学業アピールのお手本に。
2. モットーを差し込む記述方法を見習おう。
3. 文武両道アピールは現代就活の王道。
4. 「世の中の動向」に触れれば視野の広さをアピールできる。
5. ④のキーワード「不安」を繰り返し使う工夫で思いの強さを強調。

ES作成のヒント

「週3日1時～6時」「計23個の実験レポート」頑張ったことに伴う期間や数量を、数字を使って具体的に表現する記述形式を必ず真似よう。頑張った人ほど数字で表現することで、採用担当者や面接官（以降、読み手と表現）に正確に評価してもらえる。

想定される面接での質問内容は…?

初級
「実験内容を簡単に教えてください」
「部活動は頑張ったようですね。ところで大学の成績は?」

中級
「レポートを返却されたのは、あなただけですか？　他の学生も?」
（自分のみ、何度も再提出になった訳ではないことを明確に答えましょう）

上級
「専攻と一致する分野に就職しない理由は?」
「忙しい中、勉強時間の確保は、どのようにしたのですか?」

内定者の
履歴書ES
実例紹介

03 大手重工メーカー

大学ゼミ・卒論	テーマ：ヨーロッパ社会史 指導教官：人物名

部活動・サークル活動	公的資格・免許・TOEICスコア等
高校では美術部だったが、大学で初めて体育会に挑戦し、部活名の活動に打ち込んだ。	TOEIC 935点 実用英語検定試験準1級、普通自動車運転免許
海外経験（国名・期間・内容）	**趣味・特技**
ドイツに　　年から　　年まで住み、3年間はインターナショナルスクールに通った。	サイクリング（部活動先まで片道20分かけて移動する中で好きになった） ボーリング（親睦として）、芸術新潮を鑑賞すること

自己PR（自分の強みと弱みについて、それぞれ記入してください）

私の強みは自分で決断したことをやり通す意志が強いことだ。大学から運動部で活動することは、私にとっては大きな挑戦だったが、集団の中で物事に真剣に取り組み、達成感を味わいたいと思い、部活動を引退まで続けると決心した。そのため、困難な時にも、当初の考えを思い返すことにより粘り強く取り組むことができた。一方、私の弱みは時に小さなことに悩みがちな点だ。例えば、競技成績が落ちた際に射ち方の細部が気になってしまい全体が崩れてしまったこともある。今後は、もっと全体を見る余裕を持つよう心がけたい。

1

学生時代に取り組んできたこと（学業面と学業以外の面について、それぞれ記入してください）

私は部活名の活動の中で、何が自分にできるかを考え、それを実行することで私自身が納得のいく結果が得られることを学んだ。競技成績が上がらない時にも早朝練習を重ね、他の部員にアドバイスを求めるなど、地道な努力を継続することで苦しい時期を乗り越えることができた。また、点数以外の面で少しでもチームに役立ちたいと考え、部室・射場管理の責任者として練習環境を整えることに気を配ってきた。その結果、チームとしては関東学生リーグ一部への昇格を果たし、一員として活動できた喜びを感じると共に、自分の最善を尽くすことで満足のいく取り組みができると学んだ。学業では、ルイ14世時代のヨーロッパ諸国について英書で学習を深めてきた。次年度からはより本腰を入れ、イギリスの動物園の発達をテーマに卒業論文を仕上げたい。

2

3

当社に入社してやりたいこと（志望理由を含めて記入して下さい）

私は、部活動を通じて目立たない所で全体を支えることにやりがいを感じてきたので、社会基盤を支えるためのものを作り上げる御社に興味を持った。また御社がエネルギー問題や環境保全に関わる製品を多く保有することを知り、未来の社会をも支える事業を手掛けている点に魅力を感じた。さらに、社員の方から長いスパンの仕事が多いと伺い、私の粘り強い性格を活かせるのではないかと考えた。従って、入社後は御社を支える人事のような仕事か、新エネルギーや環境に関する部門に携わっていきたいと考えている。

4

5

注目ポイントはココだ！

1. 弱み克服のために努力・実践していることを加筆したい。
2. 「困難をどう乗り越えたか」は、必ず紹介したいネタ。
3. 卒業までの学業ビジョンを紹介している点を真似したい。
4. 社会や顧客への貢献に触れるのがお約束だ。
5. 仕事で活かせる長所を志望動機でもアピール。真似しよう。

ES作成のヒント

「学生時代に取り組んできたこと」に追加されている指示「学業と学業以外のそれぞれ記入」がポイント。大半の会社がバランスの良い人材を求めているので、この指示が無い場合でも、学業・学業以外の両面をアピールする自己PRで勝負する作戦がお勧め。

想定される面接での質問内容は…？

初級
「スランプの時期は、どのくらい続いたのですか？」
「卒論のテーマを選んだ理由は？」

中級
「強みに、語学能力ではなく、やり通す意志を挙げた理由は何ですか？」
「粘り強いとのことですが、最も長く続けてきたことは何ですか？　期間は？」

上級
「大学では得意なこと、なじんでいることを続けたほうが良かったのでは？」
（「そのことも考えましたが…」と受けた上で、自分の思いを説明しましょう）

内定者の
履歴書ES
実例紹介

04 大手鉄道会社

記入日　　年　月　日		希望職種	アソシエイト職（東京地区）	専攻分野	文系	

学歴	学校		学科	クラブ・サークル	役職	入学（西暦）	卒業・修了（見込）（西暦）
高校	私立高校		国際コース			年 4月	年 3月
	学校	学部（研究科）	学科（専攻）				
大学	大学	経営	国際経営	社会起業家サークル	総務	年 4月	年 3月
大学院	大学大学院					年　月	年　月
その他						年　月	年　月

●大学での研究・ゼミ等の内容について記入してください。

①

ゼミ研究課題
現代の若者が十年後においてどのような仕事観を抱いているか。
私は、仕事観に影響を及ぼす要因の中でも、"余暇"との関連性から研究しております。

●当社への志望理由を記入してください。

①

ワークライフバランスやワークシェアリングと、人生の充実度を仕事や金銭的なものとはまた違った所に求める傾向があると考えました。そこで私は、貴社のフィールドを通して改めて"日本の良さ"を社会に対してアピールし、②都心部と地方を巻き込んだ真の国際競争力を高めて行きたいと考えております。

●学生時代に最も打ち込んだことなど、自由に自己PRしてください。

私の強みは「責任感」です。
大学一年生の頃から始めた［ブランド名］というアパレルブランドのアルバイトでは、オープンスタッフを経験しました。求人難の店舗で、次々と業務を任せて貰える機会があり、③私は積極的に手を挙げ任せてもらいました。しかし、中々思うように業務を行えず、失敗をしてしまい、むしろ仕事を増やしてしまう等、④自分の不甲斐無さに落ち込む事も度々ありました。
しかし、それでも社員の方は私を信頼してくれて、根気強く何度も教えてくれました。
「その想いに何とか応えたい。」
その一心でアルバイトの枠を超える程の努力をし、今となっては後輩に対して業務の指導をしたり、全体ミーティングの際には業務の中での気づきを共有し、⑤店舗づくりの一端を担うようになりました。

注目ポイントはココだ!

1. 手書きESの場合は、下線や『』を使う一工夫を。
2. 「日本の良さ、例えば○○を社会に…」例えばがあるESを作ろう。
3. 「自ら手を挙げて」に採用担当者は喰いつきやすい。
4. 「落ち込んだ心ネタ」の後には成長ネタを続けやすい。見習おう。
5. 「自ら担う→失敗・落ち込む→努力し認められる」の構成を参考に。

ES作成のヒント

役割・責任を、手を挙げ担った経験がある場合は自己PR化しておきたい。推薦待ちではなく、挑戦する意思を自ら表明できる人を会社は求めているからだ。このパターンの自己PRを盛り上げるコツは、「信頼に応えたい」という気持ちを加えることだ。読み手は共に働きたいと思うだろう。

想定される面接での質問内容は…?

初級
「仕事観に興味を持ったきっかけは何ですか?」
「なぜ余暇との関連性に興味を持ったのですか?」

中級
「あなたの考える日本の良さとは何ですか?」
「アルバイト先で担当した業務を細かく教えてください」

上級
「都市部と地方の格差について、何か問題意識を持っていますか?」
「都市部と地方が連携すると、どんな国際競争力につながるのですか?」

大手航空会社

自分をPRする内容を漢字一文字で表現してください。またその理由も教えてください。

支

人をサポートするためにやるべきことを考え行動

ウエディングパーティーのアルバイトをしていました。しかし、周りのスタッフはブライダル関係の専門学生ばかりで知識が豊かでした。お客様の「一生に一度の大切な日」をサポートするためには知らないことが多すぎる、もっと知りたいと感じ、オーストラリアにてインターンシップを受けました。①
興味があるだけで終らせずに、人をサポートするためには何をするべきかを考え行動できます。自ら進化することで、一歩ふみこんだサポートをし、より満足してもらえる環境を作り出せます。

今の自分に不足していると思うこと。それを克服するにはどうしたら良いと思いますか。

『時には厳しく注意をし、引っ張ってゆく指導力』であると思います。テニスサークルで副部長を勤めていました。副部長として、周りをサポートしてゆくことは得意であった一方で、人に注意をすることが苦手でした。全体的に、だらけた雰囲気である時に、リーダーとして引っ張っていかなくてはいけない、そのためには時には厳しく注意をする必要があると感じます。優しさと、厳しさ、両方を持ち合わせた人こそ、すばらしいリーダーであると思います。そうなるために、コミュニケーションを大切にし、信頼関係を築いた上で、相手の事を思って注意するべきだと思います。②

あなたにとって魅力のある人とはどんな人ですか。具体的な理由も分かるようにお答えください。

③『常に周りの人の幸せを考え、影響力のある人』私自身が、アルバイト、サークルなどの小さな集団でしか皆をサポートしてきた経験しかありません。それでも多くの周りの人に喜んでもらえたり、人の力となることができました。そのため、さらに大きな集団でより多くの人の力となり多くの人を幸せにしている人に魅力を感じます。例えば、貴社の社員の方々です。グランドスタッフの方々は、常にお客様が安心して旅をするためのサポートをし、毎日多くの人と接し、喜んで頂いていると思います。グランドスタッフの方の対応は、リピーターの獲得、会社の第一印象となり、とても影響力があると思います。私も、魅力のある人の一員となりたいです。

志望動機

①多くの人をサポートし、喜んで頂きたい

一日にこれだけ多くのお客様が来る場所は他には無いと思います。日本一の利用客を誇る羽田空港にて、会社名の顔として、お客様一人一人に対しどのようにサポートするべきかを考え行動することができます。様々な目的を持ち、年齢も国籍も違うお客様に対し、自分のするべきことをみつけサポートすることで、永遠に利用して頂ける、納得のいくサービスを提供したいです。

②語学力を生かしたい。

ますます国際化が進む中で、外国人のお客様も増えると思いますが、お客様のちょっとしたニュアンスや言葉を汲み取り、一歩ふみこんだサービスをおこなうことができます。④

自由記述【人をサポートし潤滑油となることで、成果がでる】

学生時代、副部長を勤めていました。週に三回という少々厳しいサークルだったため、60名から40名に減ってしまった時期がありました。サークルに活気を戻し部員を増やしたいという目標を持ちました。そこで、私の得意としている英語を使い、テスト前、検定前などに部員の英語のサポートをしたり、⑤
各役職全ての仕事に関わり臨機応変にサポートをしました。その結果、一人一人の負担が減り、問題発生の防止やチームワークの向上につながりました。活気が戻り、現在では部員80名の人気サークルになりました。

全身スナップ写真添付　（スタジオ撮影不可）

IDナンバー・氏名を裏面に記入

注目ポイントはココだ!

1. 動機の説明部分で、まじめさをアピールできている。
2. 「思い、努力している」と結べば、思うだけの人に差をつけられる。
3. 手書きで文字数が多い場合は強調文字でアクセントをつけよう。
4. 「できます」と言い切ることで自信を強調できる。参考に。
5. 長所、強みの活用シーンを積極的に盛り込もう。真似よう。

ES作成のヒント

「自分に不足していること。どう克服したか」は、「力を入れたこと」にも使える。例えば、「アルバイトに力を注いだ。私は常に自分に不足していることは何かを考えながら働いた。例えば、商品の把握不足を感じた時は、店内をスマホで撮影し陳列場所を頭に叩き込んだ」というように。

想定される面接での質問内容は…?

初級
「なぜオーストラリアなのですか? 日本ではダメだったのですか?」
「当社で将来的に実現したいことは何ですか?」

中級
「弱点を認識した後、具体的な行動を起こしましたか?」
「なぜ航空会社にやりがいを感じるのですか? 鉄道会社ではダメなのですか?」

上級
「当社を選ぶ理由を他社と比較しながらお答えください」
「当社への提案はありますか? 志望職務を踏まえてお答えください」

大手繊維会社

最も関心のある職種に◎を、その他関心のある職種に○をつけてください（複数選択可）。

記入欄	職種名	記入欄	職種名
◎	1:営業・貿易・商品企画・マーケティング関連		2:財務・経理関連
	3:人事・勤労・総務関連	○	4:技術営業（セールスエンジニア）
	5:その他（　）		

上記職種に関心を持った理由は何ですか？

私は、数多くのインターンシップ及び説明会を通して社会人に接することで、営業職はお客様と会社の架け橋となる『モノ作りのプロデューサー』であると強く思い、営業職の魅力と奥深さを感じました。営業の一番の仕事は、製品をしっかりと売り続けることです。しかし製品を売るためには、品質面・価格面の両方が良いだけでは売れず、お客様と日々信頼関係を築きながら、要望・意見を聞き出し、他社との差別化を図れる販売方法を実施することでお客様の期待以上のものを提案し、ニーズに応えることの大切さを感じました。私は学生時代に培った『具体的に動く力』『粘り強さ』を忘れずに全力で仕事をやりきることで結果を残していきたいと思います。

ご自身のセールスポイントは何ですか？大学時代の活動事例や実績とともに具体的に述べてください。

私のセールスポイントは、『常に目標を持ち、中途半端にせず、最後まで全力でやり切る姿勢』です。私は、150人以上が所属するテニスサークルの主将を務めました。主将になった際、「学内団体優勝」という目標に仲間と共に挑戦しました。私のサークルは、飲みや遊びを売りにしておらず、テニスが一番強いことを売りにしているため、学内団体優勝は、主将の一番の仕事であり使命でした。優勝するための課題として「勝利への執着心・チームの結束力が乏しい」がありました。そのために練習前後に細かいミーティングをし、一人一人に積極的に話しかけ、悩みを聞くことで仲良しからの脱却、程良い緊張感のある雰囲気の中で全員が問題意識を持って練習が出来るようになりました。優勝しなければいけないというプレッシャーと日々戦いながら心を一つにして臨んだ結果、男女団体優勝を果たすことができました。この経験を通して想いを持って具体的に動くことの大切さ、全力で取り組むことで自分を大きく成長させる場に数多く遭遇できることを学びました。社会人になってもこの全力でやり切る姿勢を忘れずに仕事に取り組むことで人間としての魅力を日々高めていき、充実した人生を歩んでいきたいと考えています。

○利用目的について
弊社における採用活動にのみ利用する目的で、氏名、住所、電話番号等の個人に関する情報を収集させていただきます。
○個人情報の取扱いについて
弊社では、採用活動に利用する目的で収集した応募者の個人情報を、弊社の責任のもと、厳重に管理いたします。
○個人情報の開示について
弊社に対して提供したご自身の個人情報は、エントリー者ご本人に限り開示を請求することができます。また、「エントリー者ご本人の同意がある場合」、「法令等で要求された場合」、「必要となる業務委託先に開示する場合」を除く、いかなる第三者にも開示いたしません。

注目ポイントはココだ!

1. 職種の複数選択では一貫性を持たせることが基本。
2. 自分なりのキャッチフレーズを加える点を見習いたい。
3. 職種研究が深いと高評価を得られる。研究姿勢を見習おう。
4. 「使命感」は責任感を強調できる単語。使ってみよう。
5. 「チームがこう変わった」リーダーシップネタの参考に。

ES作成のヒント

「私の長所は向上心と責任感です」と、実例の「私のセールスポイント（長所）は、常に目標を持ち、…全力でやりきる姿勢です」を比較してみよう。圧倒的に後者のほうにアピール力がある。積極性等の一般的な単語に頼らず自己PRできるようになるための参考にしよう。

想定される面接での質問内容は…?

初級
「どのようなインターンシップに参加されたのですか?」
「あなたが主将に選ばれた理由は何ですか?」

中級
「当社の事業部の中で最も興味のある部署とその理由は何ですか?」
「仲良しからの脱却の過程で、離れていく人はいませんでしたか?」

上級
「当社のお客様は、どのような要望を抱えていると思いますか?」
「これまでに達成できなかった目標はありますか?」

内定者の
履歴書ES
実例紹介

07 大手電機メーカー

氏名：

① あなたが学生時代（大学または大学院）に最も力を入れて取り組んだことは何ですか。
その取り組みについて具体的に説明してください。（苦労したこと、工夫したこと、得たことなど）
※表現・記載方法は特に指定しませんのでご自由に記載ください。

コツコツ粘り強く
物事に取り組む姿勢

自分がいっぱいいっぱい
な時でも周りへの
思いやりを常にもつ
姿勢

苦しい状況であっても
前向きに仲間と共に
最後まであきらめなければ
成功につながる
ということ

自社の商品に自信や
誇りをもってお客様に
提供できる喜びを実感

ロシア国家認定
語学検定TPKИ
A2レベル取得

何かを成し遂げるには
まず自分から動き出す
ことが大切であること

❷

❶

[苦労したこと]
厳しさ故に50人中10人は留年してしまうため、予習・復習を常に繰り返したことです。そのため、どんなに忙しくても時間を見つけて勉強していました。それな中でもあえて厳しい授業・ゼミを選択。
このように向上を求め続けた結果、ロシア語教科全てにおいて優・良の評価をいただくことができました。

地獄のロシア

[特に苦労した時期]
新入生勧誘の時期です。私は新入生をデスクで迎え説明等を行っていました。
しかし1日目には定員に満たず、危機感を感じた私は、「説明だけではうちのサークルの魅力が伝わっていない」ことが原因だと気がつきました。そこで以下の点を工夫し、実践しました。
①「紙芝居」や「活動中の写真」を使用した新たな方法でサークルの魅力をアピールする。
② 1人1人の個性に合わせて勧誘方法を工夫し、他のメンバーによる雰囲気づくりの協力を促す。
その結果、サークル一丸となり、定員以上の28名を獲得！

総勢100名近いメンバーを
副会長としてまとめあげたサークル活動

大学入学以来"（店名）"で接客販売・レジ閉め業務を主に行っています。
[工夫したこと]「このパンはどうやって食べると美味しいの？」と聞かれることが多く、「うちの商品のファンを一人でも増やしたい」という想いから自分なりに研究・試食し、お客様に提案しました。
[嬉しかったこと]
ひなまつりにお客様からハガキを頂いたこと

❸

アルバイト

❹

これら3つの柱を同時並行して全力で打ちこんできました！

② ①以外にあなたをアピールできる取り組みがあれば説明してください。
※表現・記載方法は特に指定しませんのでご自由に記載ください。

環境に応じて柔軟に成長していけるタフさ

ドイツに7年間滞在していた際、最初はドイツ語もわからず、初めてだらけの経験に戸惑うこともありました。しかし、私はこの「ピンチ」を「チャンス」と捉え、臆せずコミュニケーションをとっていきました。そのツールとして、3歳から続けているピアノがありました。先生はあえてドイツ人を選択。英語、ドイツ語、ジェスチャーを交えてのレッスンを積み重ね、発表会やコンクールに年3回出場しました。大勢の前で緊張しながらも、自分の最大限の力を出す度胸、ドイツ人の審査員・観客にしっかりとアピールすること。これらが着実に身についていきました。その結果、コンクールでは「　地域名　優勝」することができました。

❺

エピソードに関連する写真やイラスト

※事例08と同一人物のESです。

注目ポイントはココだ!

1. 厳しさを「割合」で表現できている。真似よう。
2. 「1日目」がポイント。対処を先送りしないネタのお手本に。
3. 「事実」でアピール。あなたも先輩等に褒められた事実を紹介しよう。
4. 「複数のことを並行して」がミソ。自己PR構想のお手本に。
5. 「敢えて困難を選択した」という成長エピソードは鉄板ネタ。

ES作成のヒント

「3つに同時並行で打ち込んだ」この複数をアピールする姿勢を真似たい。大半の自己PRは、「力を入れたことはサークル」等、一つだけのアピール。絞ってPRしたい場合も、「学業、アルバイト、サークルに力を注いだ。中でも力を入れたのはサークルで、大会入賞を目標に…」と記すことが可能だ。

想定される面接での質問内容は…?

初級
「なぜロシア語を選択されたのですか?」
「なぜ接客のアルバイトを選ばれたのですか?」

中級
「一人一人の勧誘方法とは?　例を挙げてください」
「ドイツ時代の友人とは、今でも連絡を取り合っていますか?」

上級
「会長ではなく、副会長である理由は?　この点から自己分析してください」
「個性にあわせた勧誘方法の工夫とは?　いくつか例をあげて下さい」

08 大手玩具メーカー

あなたのPRを自由に表現してください。
（以下におさまれば形式は自由です。文章・イラスト・図式等自由に用いてください）

『チャンネルは無限！テレビリモコン 本人名』

・取扱説明書・ この度は、弊社製品にご興味をもっていただき、誠にありがとうございます。この説明書は、お手元に保管し、必要に応じてご覧下さい。

製品の特徴について

様々なスイッチがあります。スイッチを押さなくても常に興味・関心のあるものへとチャンネルを合わせます。また、オン・オフの切り替えが非常に上手です。

耐久性・継続性について

あらゆる環境に順応可能！（→①参照）継続力はバツグン！この人と思ったユーザーにとことん尽くします。（→②参照）体育会系であるが、芸術的な一面も！（→③参照）

保証について

基本的に電池は切れません。非常にタフです。

消費者の声

アルバイトを週3日、サークル活動を週2日以上、"地獄のロシア"と呼ばれる学科において常に予習復習、これらでフル回転の1週間をうまくスケジュール管理し、自己管理を行う能力がある。大学まで無遅刻・無欠席の皆勤賞！

① 父の仕事上転勤が多かった。（現在まで5回）新しい環境で1から人間関係や生活リズムをつくることを苦に感じたことはなく、むしろ新しい出会いが楽しみであった。たとえはじめは言葉が通じなくても、臆することなくコミュニケーションをとっていった。

② 「継続は力なり」のモットーのもと、ピアノを3歳から継続、パン・喫茶でのアルバイトも大学入学以来継続中。

③ ドイツにて、ユーロ発足のイベント時、記念巨大コインをつくるイベントに応募し、デザインを手掛けた。私が描いたトキの絵は、画家インメンドルフ氏に絶賛され、ドイツの新聞にも掲載された。

※事例07と同一人物のESです。

注目ポイントはココだ!

1. 自分のキャッチフレーズは準備しておきたい。
2. 「最近は水素社会に合わせています」等、具体例を加えたい。
3. 読み手を「クスっ」とさせれば親近感をもってもらえる。
4. 数字を使って充実度を表現。見習うことを強く推奨。
5. モットーと経験をセットにするのはお約束。参考に。

ES作成のヒント

この課題は「文章・イラスト・図式利用可」の自由形式。アイデアを絞らねばならない難しさがある。お手本となるのは、「電池は切れません。タフです」等の遊び心が伴った表現と、箇条書きで紹介した硬派なアピールが同居している点。読んで楽しく且つ内容があれば読み手の記憶に強く残る。

想定される面接での質問内容は…?

初級
「オフの時は何をされているのですか?」
「アルバイト先での現在の立場を教えてください」

中級
「新しい環境に順応するための、あなたなりの工夫は何ですか?」
「ピアノから離れたいと思ったことは?　どう気持ちをつなぎましたか?」

上級
「新たな環境に入ってくる人を受け入れる時に心掛けていることは?」
「学生生活は順調なようですが、何か挫折を味わったことはありますか?」

大手出版社

※大きな字でご記入ください！！

1）あなたがこれまで1番打ち込んできたことについて、自分なりにどのような取り組み方をし、どのような行動をとってきたのか、具体的にお書きください。

私は、大学で総勢100名近いテニスサークルの副会長を1年間務めあげました。皆を引っ張っていくには、自分が実力をつけることが大切だと考え初心者ながら練習に励み、学内の大会で300組以上参加中、ダブルスベスト16の成績を収めました。その後の団体戦のチーム力をつけるためにも、意欲のあるメンバーを巻き込んで自主的に練習をしました。応援のメンバーも含め、いかにチーム力をつけるかが課題でした。そこで私は選手以外のメンバーには幹部の方針を話し、理解をしてもらい、全員にメールを送るなどして、メンタル面でサポートしました。試合当日はサークル一丸となり、念願のベスト8に入りました。「本人名 だからついてこれました」と言われた時リーダーは他の人と同じ目線を持ちながらも、1人1人のことを考え同じ目的に導くことが必要と実感しました。

①

2）グループやチームで何かに取り組む際、あなたが気をつけるようにしていることは、何ですか？

誰とでも向き合う→聴く→伝える→自分ができることを考え、尽くす を大切にしています。サークル活動において、副会長として誰とでもまんべんなくコミュニケーションをとるようにしました。どんな人でも1度はその人を受け入れ、相手と粘り強く向き合いました。そして、相手（OB、後輩）からだされた要求をはじめから無理だと言わず、何を求めているかを感じ取り、必要に応じて幹部全員で話し合うようにはたらきかけました。皆が言いづらいことも、相手にとって一番納得のいく形で伝える、ということも必要でした。そして、相手にできることが何かを考え、自分なりに誠意をもって尽くすことが大切だと思っています。

② ③

3）弊社事業の中で、最も興味のあるものは何ですか？
また、その事業で実現してみたいことについて、ご自分の経験を踏まえてお書きください。

『誕生日を キャラクター名 と祝おう！』　ープロモート事業

誕生日当日であれば キャラクター名 との記念撮影や、両親が用意したプレゼントを キャラクター名 が代わりに渡す、といったようなイベントを実現したいです。しかし、事業のすべてに「エデュテインメント」の軸があるので、どの事業部にも非常に興味があります。大学入学以来続けているパン・喫茶のアルバイトで、クリスマス当日に孫と一緒にケーキを買いにきたおじいさんも、普段とは違って満面の笑みでした。孫もニコニコ。"特別なイベント"が子供の笑顔をつくる喜びをこの時実感しました。そのとき"笑顔で包まれる空間をつくりたい"と思いました。

④

4）あなたの考える、『エデュテインメント』とは？

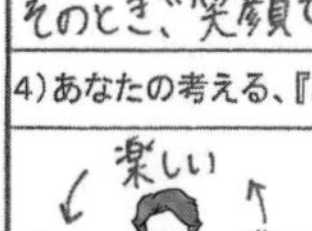

左図のようなサイクルだと思います。
また、一過性ではない経験が記憶に残り、
『豊かさ』を手に入れる『きっかけ』となるものだと考えています。

⑤

株式会社

注目ポイントはココだ！

1. 「行動サイクル」を紹介するという工夫がある。参考に。
2. 「はじめから無理と思わず」挑戦ネタで使いたいフレーズ。
3. 「レギュラー落ちの理由」等、具体例を加えることが必要。
4. 課題のミソは「経験を踏まえて」。完璧に対応できている。
5. 抽象的な単語を用いた場合は、面接で突っ込みが入りやすい。

ES作成のヒント

「グループ・チーム活動」ネタを指定する企業は少なくない。会社は組織ゆえに、チーム活動経験値が高い人を求めているのだ。誤解しないで欲しいのは、リーダー経験のみが高く評価されるわけではないこと。自分の得意な役割を、貢献したいという気持ちをもって務めたことをアピールしよう。

想定される面接での質問内容は…？

初級
「最も困難だったOB・後輩からの要求は何ですか？」
「言いづらいことを伝えた時のエピソードを語ってください」

中級
「エデュテインメントに興味を持ったきっかけは何ですか？」
「あなたは学ぶことが好きですか？　その理由を教えてください」

上級
「あなたの考える豊かさとは何ですか？」
「プレゼントは、やはり（キャラクター名）よりも家族が手渡すべきなのでは？」

10 大手家電メーカー

当社はグローバル企業であり、広い視野で日本全国ならびに全世界を舞台に活躍する意欲ある人材を求めています。
なお、配属（職種・勤務地）については、事業ニーズおよびご本人の適正・希望等を総合的に判断し、入社後に決定します。

希望職種（右記、一覧表を参照ください）		希望ウェイト（計100%）	主な仕事内容
第一希望	商品企画	60％	・国内営業 ・海外営業 ・デバイス営業（部品営業） ・商品企画 ・宣伝／広報 ・経理／財務／経営企画
第二希望	システムエンジニア	23％	・法務 ・知的財産権 ・人事／労務 ・システムエンジニア／IT関連 ・資材／生産管理
第三希望	デバイス営業	17％	・その他（　　　）

志望動機と希望職種内容（具体的にやってみたい仕事、さらにその理由を記入ください。）

大学での実験を通して、モノを作る事が好きな自分に気づいた私は、先進を行きながら、モノ作りの出来る企業で働きたいという思いを持ち、就職活動をしております。その中で、初めて御社で働きたいという気持ちを持ったのは、御社のホームページを見た時でした。その理由は、トップページに「会社名はエコロジーな商品を提案していきます」と書いてあったからです。その時から私は、「会社名でエコロジーなモノ作り」をする一員になりたいと強く思っています。

具体的には御社の商品企画部門で、環境にやさしい商品を企画したいです。例えば、ソーラー電池などクリーンなエネルギーを利用する商品や、環境付加をおさえたデザインのされた商品の企画をしたいと思っています。

①

②

※メンバーズサイトの登録情報で希望職種を選択する欄を設けました。併せてそちらにも第一希望職種を入力してください。

今までに最も努力してきたこと、また、それによって得たもの（学業・趣味・特技・クラブ・学外活動等を事例に）

私が今までに最も努力してきたことは、テニスです。私はテニスを10年間続けております。10年間よい経験ばかりでなくスランプやケガなどで、テニスをやめようと思う時もありました。しかし、そこでやめてしまっては、うまくいかない自分から逃げることだと思い、続けることを決意しました。うまくいかない時こそ、自分のどこがいけないのかを見直し、改善策を見つけ、諦めずにやり抜こうと考えるようになったのもこの時期です。

今でも努力を続け、今年は市の大会などの成績を認められ、市の代表として県大会に出場することも出来ました。

このことから、つらい事があっても努力を続けることにより、自分を成長させることが出来るという自信を得ることが出来ました。

③

④

弊社の課題は何だと思いますか？ それを解決するにはどうすべきだと思いますか？

私は御社の今後の課題は、「環境先進企業」として世界を引っ張ることだと思います。経済発展の進むBRICSなどの国々は今後、さらに大きな市場になると考えます。なので、それらの国々での事業拡大は必要不可欠だと思います。

そこで、各地域のニーズに答えながらも、エコロジーな商品を提案することが、課題を解決するために出来ることだと考えますし、私はそれを実現させたいと思っております。

⑤

※エントリーシートが弊社に届いた時点でWEB適正検査を完了されていない場合は「選考辞退」と見なし、選考の対象外（不合格）と致します。受験済みの方は右のチェックボックスに「○」を記入してください。

チェックボックス	

注目ポイントはココだ！

1. 会社案内等であなたの心に刺さるフレーズを探そう。
2. 「例えば」があるのが良いES。真似よう。
3. 「心情」は誰もが豊富にもっているネタ。文字数調整で使える。
4. 会社への期待を記述する。「当社の課題は何」のお手本に。
5. 志望業界の市場や成長性に関連するニュースを調べよう。

ES作成のヒント

「仕事で何をしたいか」を具体的に示すほど良い。実例の場合は、「例えば、ソーラー電池などクリーンなエネルギーを利用した○○のような商品」と、自分のイメージに近い商品名を加えると更に良くなる。志望会社の製品やプロジェクトを調べ、携わりたいものを必ず見つけておこう。

想定される面接での質問内容は…？

初級
「当社の最近の製品で興味があるものは何ですか?」
「あなたにとってのモノづくりの面白さとは何ですか?」

中級
「国内と海外では、どちらが希望ですか?　その理由は?」
「当社の3種類の営業の中で、なぜデバイスに興味があるのですか?」

上級
「他社でもエコロジー商品に取り組んでいますが、なぜ当社なのですか?」
「海外事業で担当するならば、どの国・地域に関心がありますか?　その理由は?」

内定者の
履歴書ES
実例紹介

11 大手非鉄金属企業

貴方が就職先を選ぶ際に大切にしているポイントについて記述して下さい。

私は、高校の時、環境問題に興味を持ち、大学では環境資源工学を学べる学科へ進みました。そこで、勉強を進めるうちに、環境問題と資源問題の関係が切っても切れない関係にあると思いました。また、資源工学について学ぶうちに、この知識を社会に生かしたいと思うようになりました。なので、私が就職先を選ぶ際に大切にしているポイントは、大学時代に得た知識や技術を生かして、環境資源分野で、社会に貢献できる会社かどうかという点です。特に、資源関連業界の中で、環境保全分野にどれだけ注目し、力を入れているのかを基準に選んでおります。

当社に関心を持った理由について記述して下さい。

私は、環境資源分野で社会に貢献できる仕事がしたいという思いを持ち、就職活動をしてまいりました。いろいろな会社の説明会等に参加させていただいた中で、非鉄金属業界に興味を持ったきっかけは、業務内容を聞いているうちに、大学で学んだ内容が出てきて、この業界ならば私が大学時代に得た知識や技術を生かして、社会に貢献ある仕事ができると思ったからです。

その中で御社に興味を持ったきっかけは、冬休み中に大学の教授からお話があり、御社の関連会社である［会社名］さんに行き、ボーリング試料の分析をお手伝いさせていただくアルバイトをした経験です。その時は、X線回析装置で試料を分析する、といった内容でしたが、大学で学んでいることが実際の社会に生かされている現場を知る貴重な経験でした。

さらに、御社について調べたところ、グループ経営ビジョンとして環境保全を、基本項目のひとつとしており、エネルギー・環境分野で様々な事業をされていることを知りました。私が御社に関心を持った最も大きな理由は、このように環境保全分野に大きな力を入れている御社ならば、大学で学んだ分野を生かし、社会貢献したいという私の思いが実現できると思ったからです。

注目ポイントはココだ!

1. 特に理系学生は専攻との一致・関連性が定番回答。
2. 注力している分野をポイントとするのが基本回答。
3. 文字量が多い時は、業界に関心をもったきっかけから始めよう。
4. 業界関連のアルバイトやインターンシップネタに触れる時の参考に。
5. 「経営ビジョン」は会社志望動機の鉄板ネタ。触れて損はない。

ES作成のヒント

会社志望動機を作成する際、この実例の構成をお手本に。①「業種・業界に興味をもったきっかけ」→②「志望会社に興味をもったきっかけ」→③「特に志望会社に注目・興味・好感をもった理由」。重要なのは③で、経営ビジョンや中長期事業計画を同業他社と比較研究すると作成しやすくなる。

想定される面接での質問内容は…?

初級
「高校時代に環境問題に興味を持ったきっかけは何ですか?」
「現場を経験して、どんなことを感じましたか?」

中級
「研究内容にどのような醍醐味を見出していますか?」
「入社後、希望する配属セクションはどこですか?」

上級
「現在の環境に対する、あなたの問題意識を自由に語ってください」
「あなたが最も注目している環境保全の取り組み事例を具体的に挙げてください」

内定者の
履歴書ES
実例紹介

12 大手ラジオ放送局

1. 当社に入社を希望する理由（150文字以内）

【良質な音楽を伝えたい】
昨年、アーティスト名さんの音楽にハマリました。しかし、私の周りに知っている人は誰もいませんでした。そのことから、「一人でも多くの人に良質な音楽を伝えたい」と猛烈に思うようになりました。貴社のことを知っていくうちに、貴社なら私の想いを実現できる!と感じたため、貴社への入社を希望します。

1

2. 当社でやってみたい仕事（150文字以内）

【番組制作】
学生時代にイベントを企画・実行したときの達成感が病みつきになり、その達成感を味わうために番組制作をしたいと思いました。
例えば、実際に番組内で曲を作る番組。ナビゲーターは人物名。
プロの曲作りには、多くのリスナーが興味を持っていると思うので、ぜひ、企画・制作してみたいです。

2

3. 自己PR（150文字以内）

【行動力と実行力】
今年の1月、就職活動のための勉強会を企画し、幹事を務めました。メンバー集めから、すべて自分一人で企画することは大変なことでしたが、メンバーから「ありがとう」と言われたことで、大きな達成感を感じることができました。「ありがとう」を言われるためなら、どんな努力でもできる!と感じました。

3

4. 大学時代に専攻したゼミや研究などで興味を持って勉強したこと（150文字以内）

【ヒューマンインターフェース】
ヒューマンインターフェースとは、人が機械を快適に使えるように、デザインを工夫する学問です。
人と機械の双方が歩み寄るという学問に温かみを感じ、興味を持ちました。
学んだことから考えを発展させ、使いやすいハンガーの形を考えて、現在、それを企業にプレゼンしています。

4

5

注目ポイントはココだ!

1. 会社の特徴に触れていないので説得力がない。同様のESが多く要注意。
2. アイデアが具体的かつ企画意図を説明している点をお手本に。
3. 参加人数や準備期間を具体的に。数字を用いるのがマスト。
4. 専攻に興味をもった理由、きっかけも同時に回答しよう。
5. 共同研究など企業との接点はインパクトあり。

ES作成のヒント

「ゼミや研究の紹介」は選考で重視される課題だ。まずは人や世の中にどう役立つものかを説明し、次に、興味をもったきっかけ、目標設定していること、理解が深まるにつれて、より興味をもったことなどを紹介。具体的な成果が出ている場合は、実験・調査方法等とあわせて紹介しよう。

想定される面接での質問内容は…?

初級
「○○さんをナビゲーターに選ぶ理由や基準は?」
「どのようなイベントを何回実行したのですか?」

中級
「当社のどの部分から、思いを実現できると思ったのですか?」
「企業でのプレゼンのエピソードや成果を詳しく教えてください」

上級
「ラジオ業界の現状と今後について、どのように考えていますか?」
「研究テーマからすると、メーカー企業に就職したほうがいいのでは?」

内定者の
履歴書ES
実例紹介

13 大手家電メーカー

Q3.あなたのキャラクターを一言で表現してください。

七転び八起き （50字以内）

Q4.上記Q3の設問に対する理由、もしくは具体的なエピソードをお書きください。

①

②

私はサークルの主将として、「合宿参加率80%」を目標にしました。目標を達成するために「毎週一回の全体練習の参加率に波があること」が課題だと感じました。課題を解決するために「常に場の雰囲気に気にかけ、盛り上がってないコートがあればすぐに向かい、チーフを盛り立て、誰よりも声を出す」ことを徹底しました。常に周りの人のことを考えて動くことによって自分の楽しみが減ることもあり、大変労力がいりました。しかし、持ち前の粘り強さで根気強く続けた結果、すべてのコートを均等に盛り上げることができ、全体練習の参加率を一定に保つことができました。その結果、合宿率参加率90%を達成することができました。 （300字以内）

Q5.グローバルチャレンジャーとして当社でどんなことにチャレンジしていきたいですか？

③

④

営業にチャレンジしたいと考えています。営業はノルマという数字化された目標と、モノを作った人達の想いを背負うからこそ、「責任」を感じると思いました。そして、お客様と一番近いところにいるからこそ、お客様の感謝の声を一番聞くことができ「やりがい」を持てると思いました。営業として、顧客満足度100%を常に目標にして、様々なお客様に合わせた接し方をすることで、日々信頼関係を築いていきたいと思います。その中で要望・意見を聞き出し、お客様の潜在的な課題を見つけ出し、他社との差別化を図れる販売方法を実践することでお客様の期待以上のものを考案し、ニーズに応えていき、しっかりと結果を残し続けていきたいと思います。 （300字以内）

Q6.世界を幸せにするための“あなたのアイデア”をお書きください。

⑤

御社のデジタルカメラを使って家族の一番の笑顔の写真を撮り、家族が一番通るところにその写真を置くことを全家庭に実現し、その写真を見て、一つでも多く元気溢れる家庭を実現したいと考えています。そのためには私は御社に、より独自性のある製品を出すことに期待しています。消費者が多様な価値観を持っており、世界的な景気後退をしている今日において消費者の選別の目が厳しくなっています。そのため「安くても良いもの」「高くても欲しいもの」をはっきりさせ、その特定のブランドに合わせたデザイン・宣伝をすることで他社との違いがより明確になり、様々な世代に合わせることができると思います。 （300字以内）

注目ポイントはココだ！

1. 数値目標で始まり、達成率で締め括る構成をお手本に。
2. 「課題は何かを考え行動した」という書き方を参考に。
3. 自分なりの言葉で志望職を説明できている点をお手本に。
4. 「潜在的な課題、差別化」ビジネス用語を使い仕事研究をアピール。
5. マーケティング等のビジネス書を読めば書けるようになる。

ES作成のヒント

実例の構成は次の通り。『「目標」参加率8割→「課題」→「対策」努力・工夫したこと→「成果」9割を達成』目標と成果を数字で表せる場合は構成を真似たものを作成しよう。例えば、「目標はTOEIC800突破。挑戦時は720。課題はリスニング。こんな努力をした。820を達成した」。

想定される面接での質問内容は…？

初級
「サークルメンバーは何名ですか?」
「家族等身近な人の笑顔から元気をもらった経験はありますか?」

中級
「参加しなかった10%については、どのように分析していますか?」
「あなたは、デジタルカメラを、日ごろ、どのように使っていますか?」

上級
「自分一人ではなく、周りを巻き込むことは考えなかったのですか?」
「アルバイトやサークルで、要望を聞き、実現した経験はありますか?」

内定者の
履歴書ES
実例紹介

14 大手衛生設備メーカー

あなたの「強み」は何ですか？　15字以内でご記入ください。
あなたはその「強み」をどんな場面でどのように発揮しましたか？
キーワードを15字以内、具体的内容を200字以内でご記入ください。

逆境ですら楽しむ心

① 毎年1月から2月にかけてアルバイトで指導している生徒の受験と、自分の学校の試験期間が重なり、時間の調節に苦労しました。本心では自身の勉強をしたかったのですが、その気持ちを抑え生徒のことを優先し、多くの時間を割くようにしました。② また、生徒との授業を楽しむようにも心掛けました。結果として生徒にとっては適度なリラックスになり、自分にとってもよいメリハリとなって有意義な時間が過ごせるようになりました。

その「強み」を生かして当社でやってみたいことは何ですか？
キーワードを15字以内、具体的内容を200字以内でご記入ください。

異文化への浸透

③ 私は逆境を楽しむ心で壁に立ち向かっていきたいです。具体的には日本で浸透してきた貴社の技術力や製品を海外にも浸透させたいです。広い分野で日本の技術力は認められていますが、それが浸透するためには多くの困難があると思います。日本と海外では文化の差異があります。④ 異文化世界に技術をそのまま輸出しても定着しません。文化に受け入れてもらえるよう少しずつ変形しながら本質を保ちつつ浸透させていく。それが私の夢です。

当社の製品の中で最も興味のある製品は何ですか？（興味のある技術でも結構です。）
また、その理由を200字以内でご記入ください。[必須]

私は、料理をすることが好きです。でもキッチンにいることはあまり好きではありません。それはキッチンの居心地の悪さが原因の一つだと思います。家のキッチンは足元が寒く、火を使っているときは逆に臭いや煙が出て、換気扇を使えば音でリビングからは完全に孤立した空間になってしまいます。⑤ しかし対面型キッチンならば、調理、片付け中も家族との対話が図れ、キッチンにいることが苦にならないと思います。

注目ポイントはココだ！

1. 「本心（本音）」を好感度アップの布石としている。参考に。
2. 他者を優先するネタは好感度の高いネタ。真似よう。
3. 「海外シェアは2割未満。5割を目指す」等、数値目標を加えよう。
4. 浸透を阻害する文化の差異とは何か？考察が欠けているのが残念。
5. 複数の実体験を通して製品への興味を示せている。お手本に。

ES作成のヒント

「あなたの強みは？」「その強みをどのような場面で発揮したか？」「強みを生かして当社でやってみたいこと」この会社の3段構成の課題は非常に参考になる。ESは、仕事に就くためのアピール集なのだから、「仕事で、この強みを活かしたい」という自己PRを作っておけば必ず役立つ。

想定される面接での質問内容は…？

初級
「自身の試験勉強を充実させるために工夫したことはありますか？」
「真っ先に思い浮かぶ文化の違いとは、どこの国の何ですか？」

中級
「当社のショールームを訪問したことはありますか？」
「同業他社の製品と比較して、当社の優れている点、劣っている点は？」

上級
「どのように変形させれば売れると思いますか？　当社の商品の中から一つ取り上げて説明してください」

内定者の
履歴書ES
実例紹介

15 大手ガス会社

あなたが当社を舞台に実現したいことは何ですか。理由も書いてください。
（全角300文字以内）

私は、貴社での仕事を通じて私自身が社会を支えているという実感を持って充実した生活を実現したい。そして、将来的には環境負荷の少ない新エネルギーを広げていくことに携わりたいと考えている。私は、部活動などの経験から私自身が縁の下の力持ちとして機能していると実感している時にやりがいを感じるということが分かり、今後も社会の中でそのような役割を果たしていきたいと思い、貴社で社会基盤を支える仕事をしたいと考えた。また、長期的に見れば、今後の日本を支える新しい柱となるのは環境に配慮し、エネルギー資源の海外依存を少しでも減らせるような事業ではないかと考え、新エネルギー関連事業を推進していきたいと考えている。 1 2

あなたが学生時代に最も力を入れたことは何ですか。また、それにより何を学びましたか。（全角400文字以内）

私は、水泳部の活動を通じ、自分の納得のいく取り組みを達成した。私は運動が苦手であるため高校では個人製作が中心の書道部に所属していた。しかし、大学では人と団結して一つのものに打ち込み、最後の学生生活を充実したものにしたいと考えこの部を選んだ。競技結果が思うようにならず苦しい時もあったが「あきらめれば集団の中で活動する達成感を知らずに終わってしまう。今後の人生でも困難を乗り越えられなくなる」と考え、地道な努力を続けることができた。さらに、結果以外で何とかチームに役立ちたいと思い、練習場管理の責任者として部員が快適に練習できるよう気を配ってきた。その結果、成績で貢献することはできなかったが、チームとしては関東大会への昇格を果たした。私はその一員として活動できたことに喜びを感じると共に、最善を尽くすことで納得のいく取り組みができることを学んだ。 3 4

あなたが気づいた課題に対して、周りの人と協力して取り組んだ経験について、具体的に教えてください。（全角400文字以内）

水泳部では部員数が激増したため、部室が狭くなりいろいろな面で支障をきたすようになった。私は、新入生の入部前に状況を改善したいと考え、廃部になった団体の部室を水泳部が利用することを提案した。新しい部室を整備する時には、一部の人に負担が偏らないよう配慮した。前に使用していた団体が大量の荷物を残していたため清掃作業は難航したが、部員を屋内清掃係とゴミ運搬係に分け、分担することで効率よく進めることができた。また、最後に床にビニールテープを張ることで部屋を区切り、テープに沿って道具を並べれば自然と整頓できるようにした。作業は体力的にはかなりの重労働だったが、成果が目に見えて表れるので他の部員とも楽しみながら協力することができた。こうして水泳部の部室を整備することで、より快適に部活動に臨めるようになった。 5

注目ポイントはココだ！

1. 志望会社の特徴に合う内容で書けている（実例はインフラ系）。
2. 旬な社会・経済動向に触れれば賢さを印象付けられる。
3. 「団結して」会社が求める人材像を意識して書けている。お手本に。
4. 「自身の努力+チームへの貢献」チーム活動ネタのお手本に。
5. シーンが浮かぶ具体的な記述を真似しよう。

ES作成のヒント

「当社を舞台に実現したいこと」要は、「入社して、どのような仕事をしたいか」という一般的な課題。例えばグローバルで総合的な巨大企業の場合は、「舞台＝会社」の研究に時間をかける必要がある。支店網や事業部門を一覧できる組織図の確認は最低限必要。

想定される面接での質問内容は…？

初級　「廃部の部室利用において、大学との交渉で苦労したことは?」「地道な努力とは?」「練習場管理の責任者とは、具体的に何をするのですか?」

中級　「リーダーシップの発揮は苦手なのですか?」
「あなたを評価する周囲の声を教えてください」

上級　「なぜ電力ではなく、ガス事業に魅力を感じているのですか?」
「ガス資源に関する時事問題について語ってください」

内定者の
履歴書ES
実例紹介

16 大手自動車メーカー

テーマ1　あなたが大学で専攻しているテーマ及びその内容を簡潔に記入してください。(100文字以内)

大学ではフランス語を主に勉強していました。文法・読解の授業と、ネイティブの先生による会話の授業がありましたが、言語をコミュニケーションの道具として考えていた私は特に会話の授業を楽しみにしていました。

テーマ2　あなたが大学時代に最も力を入れて取り組んできたことは何ですか?

(1) 取り組みの経緯・背景 (200文字以内)

私が学生時代に最も力を注いだのは塾講師のアルバイトです。高い給料に魅力を感じて始めたのですが、①授業を重ねる度に子供と接することに大きな楽しみを感じるようになりました。子供は私が予想しなかった反応や質問を繰り出してきました。それらを受け止め、答えることで子供と自分にとっても成長する機会になりました。またそのときに自分自身が中学受験した際の経験や気持ちを子供の目線で語ることを心掛けました。

(2) あなた自身が取り組んだ具体的内容及びその成果 (400文字以内)

そうは言っても結果が重要な世界です。成績が大事な要素であるのですが思うように結果の出ない生徒も何人も見てきました。そういう子供に対し私は粘り強く対話することと面白さを重視しました。自身が中学受験を経験したこともあって、当時の自分を省みて、生徒の視点で話をするように心掛けました。②対話を重ねることで、生徒がそれまでしなかったような話をしてくれたりと、生徒との距離が縮まり少しずつ信頼関係を築け、成績の上がらない原因が見えてきたりしました。一方で子供が授業に対してストレスを抱かないように面白さを自分の授業に取り入れていました。授業の中で教えたいことを一つだけ決めて、それを印象付けるために面白さを取り入れることにしました。子供の知的好奇心を刺激することで生徒は前向きに取り組むようになってくれました。③こうすることで少しずつ着実に生徒の実力を伸ばし合格という結果に結び付けることができました。

テーマ3　あなたが当社に入社して実現したいことは何ですか? (400文字以内)

■喜びを運ぶ車作り■過去に比べて相対的に環境に優しい車は多くできました。しかし、いまだに車は環境や人に対して負の要素を抱える存在です。④車、人や社会、地球の関係は常に変化し続けるものですが、私はこの3つの要素をつなぐものとして学生時代の経験から得た、喜びと対話の重要さを追求したいと思います。立場が違えば車に対する思いや考え方も変わります。例えば運転手が喜びを感じる車や同乗者が喜ぶ車もあります。しかし車に乗っていない人が喜べる車はまだないように思います。⑤しかし、車にかかわる人々と、お互いの立場を考え合い一人一人との対話を大切に重ねることで喜びを運ぶ車、相手が真に満足できる車作りの姿が見えてくると思います。[会社名]が町にやってくることで町が元気になったり、街中を貴社の車が走れば走るほど空気がキレイになり、それを見た人々に笑顔がこぼれたりする世界。人や社会を大事にする[会社名]ならば実現できると思います。

注目ポイントはココだ!

1. 本音を加えることで、正直者の印象を読み手に残す効果あり。
2. 「例えば、こんな会話」を加えよう。「例えば」があるのが良いES。
3. 読み手が喰いつくエピソードゆえに、「例えば」が無いともったいない。
4. 問題を提起し、その問題を掘り下げる。構成を真似る価値あり。
5. 「顧客以外をファンにするには」この着眼であなたも考えてみよう。

ES作成のヒント

実例の「入社して実現したいこと」の優れている点は、「いまだに車は環境や人に負の要素を抱える存在」と問題意識を加えていること。これにより、視点の高さを印象付けられる。業界に関連する視点の高さを養う上で役立つのが政策だ。内閣府HPをチェックしてみよう。

想定される面接での質問内容は…?

初級
「予想もしない反応とは? 具体的に教えてください」
「子供たちとのコミュニケーションを通して成長できたことは?」

中級
「知的好奇心を刺激するための具体例を教えてください」
「社会・地球に対して問題意識を持っていることはありますか?」

上級
「特に選ぶとすれば、どんな人のための車を作りたいと思いますか? その理由は何ですか?」

内定者の
履歴書ES
実例紹介

17 大手保険会社

真剣に向き合ってきた経験

私は学生時代、旅行に打ち込みました。様々な文化や考え方を直接肌で感じたいと思ったからです。しかし、たくさんの場所へ旅行をするには、費用が必要になります。そこで、旅行をするという目標を達成するために、アルバイトをしました。現在は結婚式場での接客をしています。一番頑張った時期は、週に4日、1回に12時間働きました。常にお客様に気を配り、お客様が何か必要とされていないかを考えながら行動しています。また、「気持ちの良いお天気になり、よかったですね」など、「いらっしゃいませ」の他にも何か一声かけるように心掛けています。こうして努力を積み重ねた結果、費用を貯めることができました。このように、毎回目標を達成させ、旅行をしています。旅行をすると、価値観の違う人たちとの交流を通じ、自分の価値観を見直すことができます。その結果視野が広がり、自分とは異なる考えも、より理解できるようになったと感じています。

①

②

当社の魅力

＜①お客様に安心を提供できること＞　私は、社会貢献性の高い仕事をしたいと考えています。私は今まで、多くの人たちや、社会の様々な仕組みに支えられて生活してきました。ですから、今度は私も人を支えたいと思いました。貴社は、合併により商業と工業の両分野に強みを持っているので、より広い範囲で社会に貢献できると考えました。
＜②自己成長できる環境＞　貴社では、社員一人ひとりが品質向上を支えるものだとしていて、自ら考え行動することで、成長できる可能性がたくさんあると感じました。貴社のセミナーに参加させていただいた際の懇談会で、［人物名］様が、「商品が多いことで様々な経験ができ、成長できた」とおっしゃっていました。業務の幅も広く、多くの知識を身につけ、様々な経験をすることで、人を支えるにふさわしい人間に成長していきたいです。

③

④

エリア総合職とエリア一般職の志望における、あなたの考え方

私は、エリア一般職で採用していただいた場合、ステップアップジョブ制度を利用し、エリア総合職に職種転換することは、現在のところ考えておりません。エリア一般職として努力を続け、業務における専門性を高めていきたいです。エリア総合職とエリア一般職では、転勤の有無や求められる業務能力が違いますので、より自分にふさわしい働き方をしたいと考えています。併願を希望しているのは、それぞれの働き方に魅力を感じているからです。エリア総合職では、ビジネスや組織を創造していく楽しさとやりがいがあると思います。一方、エリア一般職でも、正確に仕事をすることで業務を根底から支える責任とやりがいがあると思います。どちらの働き方にも魅力があり、どちらの働き方にも挑戦したいと考えているので、併願を希望します。

⑤

注目ポイントはココだ！

1. 一番頑張った時期を数字で表現。真似よう。
2. 「気持ちの良いお天気になり…」具体例があるのが良い。
3. OBOG訪問をしておけば、このような情報を得やすくなる。
4. 説明会、座談会で得た情報を利用できている。真似よう。
5. 複数職種を併願する場合の参考に。

ES作成のヒント

「総合職と一般職の志望における、あなたの考え方」を読み、あなたは作成者に対し、「深く調べている」「先のことまでしっかり考えている」「丁寧に、時間をかけて作成している」等の好印象をもたれたと思う。ESを通して採用担当者や面接官に気持ちや人柄が伝わることを確認しよう。

想定される面接での質問内容は…？

初級 「これまでに実現した旅行先はどこですか？　総費用は？」
「旅行先での一番の思い出は何ですか？」

中級 「高校時代と比較し、あなたの価値観はどのように変化しましたか？」「なぜ生保ではなく、損保を選ぶのですか？」「あなたが一般職で生かせる能力は？」

上級 「エリア一般職をより希望されているようですが、エリア総合職採用となっても本当に大丈夫ですか？」

内定者の
履歴書ES
実例紹介

18 大手広告代理店

このスペースであなたらしさを自由に表現してください。

①

私は自分を**「もち米」**だと考えている。「困難」という杵でつけばつくほど、うま味を増す。そこで私は、次のような二つの杵で自分をついてきた。

①**死**を感じた富士登山

登山途中に、高山病と食あたりに遭った。意識が朦朧としながら山頂まで、「頑張れ」と自分を励まし、**根性**で登った。山頂での御来光が綺麗で、頑張って本当に良かった。

②

②空手部**地獄**の夏合宿

早朝6時のランニングから始まり、21時まで練習を行う。過酷な練習で、足の裏の皮がむけ、床を血だらけにしながら練習を続けた。一日で**3キロ**体重が減った。脱落者も数多くいたが、自分に負けたくないと思い、最後までやり遂げた。この合宿を乗り越えたことで、どんな練習にも耐えることができ、初段を取得できた。

以上の二つの経験で学んだことは、**最後まで諦めずにやり遂げることが重要だということ。**やり遂げたことで自信がつき、新たな困難にも立ち向かうことができる。**「笑顔が溢れる世の中をつくる」**という思いを遂げるために、困難という杵で自分をつき続け、どんなニーズにもこたえられるように自分を磨いている。

喜怒哀楽の中から一文字を選び、あなたにとって印象的なでき事についてお書きください。（横書き。つめて記入するのではなく、原稿用紙のように使用し、600字以内でお書きください。）

③

私の「喜」は、車で北海道を一周したことで得た。この旅のきっかけは、父だった。父が北海道を巡った時、素晴らしい景色を色々見たという話を聞いて私は育った。そんなに素晴らしいなら、自分も見たいと思った。ところがこの旅を達成するのに三つの困難が立ちはだかった。①**資金**。旅費が25万円必要だが、貯金がなかった。しかし、一度行くと決めたことなので、諦められない。アルバイトを三つ掛け持ちして、1年間かけて費用をやっとの思いで用意した。②**一人という不安**。数キロも道路が一直線で変わらない景色は眠気を誘う。一瞬も気を抜くことができなかった。しかし、一人になることで、家族の大切さを感じることができた。③**熊への恐怖**。旅費の節約のために、テントで寝泊りした。熊が現れそうなキャンプ場も多く、恐怖で眠れずに朝を迎えることもあった。そんな夜を越えて朝日を見た時は、生きていることの喜びを感じた。

④ ⑤

辛く過酷な旅で、何度もやめようと思った。しかし、ここでやめたら今後も逃げ続けるのではないか。自分は後悔しないのかを問い続け、**死ぬ気で最後までやり遂げよう**と思った。旅を終えた時は、身も心も疲弊していた。それでも、最後まで諦めなかったことで、どんな困難でも乗り越えられるという**自信**を持てた。この自信を持てたことが、何よりの**「喜び」**であり、私の**大きな財産**だ。

注目ポイントはココだ!

1. 自分を何かにたとえるのは就活のお約束準備。参考に。
2. 足の状態でも過酷さを表せている。スポーツ系自己PRの参考に。
3. 「自力で目標達成」は鉄板ネタ。アルバイト系PRの参考に。
4. 「やめようと思った。しかし…」書ける人が多いはず。お手本に。
5. ここから文末まで、自分の困難ネタに置き換え真似る価値あり。

ES作成のヒント

「あなたらしさ」「喜怒哀楽の中から一文字選び」二つの自己PR枠を使って、「過酷さに強い＝耐性がある」ことを具体的にアピールできており良いが、個人エピソードに偏っているのが気になる。「地獄の合宿を仲間と励ましあって乗り越えた」等のチームネタアピールを増やす工夫が欲しい。

想定される面接での質問内容は…?

初級
「何日間の合宿でしたか?」
「空手でやり遂げた自信を、最近は何にぶつけていますか?」

中級
「仕事をイメージした時、どんなニーズに応えられるのですか?」
「この旅を通して、困難以外であなたが成長できたことは?」

上級
「笑顔が溢れる世の中に関連して、
あなたが現在の社会に問題意識を持っていることは?」

内定者の
履歴書ES
実例紹介

19 大手航空会社

3. 1〜2の設問をうけて、あなたが 会社名 特定地上職として、実現したいことはなんですか？
また、②それを実現するために、あなたはどのように行動できますか。できるだけ具体的に記述してください。

① 多くのお客様に永遠に 会社名 を利用してもらいたい。
② 一度だけでなく永遠に 会社名 を利用していただきたい。それを実現するためにはお客様に納得していただけるサービスの提供が必須です。ビジネスマン、旅行客、高齢者、外国の方など、様々なお客様がいる中、同じ対応をするのではなく、お客様にあった対応が必要であると思います。そこで、私が得意とする、自分のするべきことをみつけ、お客様をサポートします。例えば、高齢者のお客様であれば、飛行機に搭乗されるまでに、何か不自由なことや、必要な物はないかを考え、車イスや杖を用意してみるなど、臨機応変に対応します。お客様にご指摘頂く前に自ら考え行動することで、お客様に喜びや感動を提供し、「飛行機に乗るなら 会社名 」と言って下さるお客様を増やしたいです。

注目ポイントはココだ!

1. 「何回も」よりも「永遠に」のほうが印象的。一語一句吟味する姿勢を見習おう。
2. 志望会社の客層を具体的にあげている点を参考にしよう。
3. 具体的に記述するには「例えば」が必要なことが分かるお手本。

内定者の
履歴書ES
実例紹介

20 大手食品会社

当社への志望動機 & 入社後にやりたい事	「 商品名 」のファンで、貴社の懇談会に参加させていただいた際、「ワークライフバランス」のとれた方が多いと感じました。またその他にも①「こだわり素材」②お客様にも誠実③低温物流の歴史が長く、技術力も優れている、といった点も魅力だと考えます。そのような貴社で「商品知識に精通した営業のプロフェッショナル」として貴社に貢献したいです。そのためには常に周囲に高いアンテナをはりめぐらせ、商品と共に長くお客様に愛される人間になりたいです。

注目ポイントはココだ!

1. 商品名の把握は最低限の会社研究。応募者全員がファン。
2. ①だからこそ、会社の技術や沿革へと研究を深めよう。
3. ①であげた商品を広めるアイデアを提案する工夫が必要。

内定者の
履歴書ES
実例紹介

21 大手カメラメーカー

志望理由等についてご回答ください

①

当社の志望理由、また当社でやってみたいこと
貴社に以下のような魅力・やりがいを感じるからです。
■他の企業と比べて「売れる仕組み作り」ができている。→商品を120%生かすことができる。
■「高いブランド力」→貴社のブランド力があるからこそ営業として入りやすいが、失敗できない。→やりがいにつながる。②
■「貴社のモットー」に深く共感→自分の過去の経験やモットーと重なった。
この魅力以外にも、セミナーに参加させていただく度に貴社の社員の方に魅力を感じていました。私の中の「なりたい社会人像」そのものでした。そのような方々と共に働くことで、自分も成長していく姿がすんなりイメージできたのも志望の理由です。貴社製品の質の良い「モノ」に「 本人名 という付加価値」を添えて、貴社製品だけでなく、お客様の売り上げ全体も伸ばしたいです。③

注目ポイントはココだ！

① 会社志望理由では他社との比較がマスト。お手本に。

② 担う責任の重みを自覚していることをアピール。真似よう。

③ 顧客研究も大切。面接では、どの顧客を担当したいかを語れるように。

内定者の
履歴書ES
実例紹介

22 大手化粧品会社

志望理由等についてご回答ください

①

貴社の商品（特に毛穴パック）が好きで、中学生のころから美容に関しては人一倍うるさい子供でした。一番好きな場所はドラッグストア・カウンターでした。②私が考える貴社の魅力は①「消費者ニーズの発掘力」「技術力」「収益力」「販売力」のクオリティーが高い点、②「独自の環境への配慮」: プロジェクト名 など他の企業にはない取り組みを行っている点、③「伝統と変革のバランス」:21のメガヒットブランドを守り続ける一方、 商品名 などの新たな分野も行っている点です。③今後さらなる成長を遂げる貴社と共に自分も成長していく姿をすんなりとイメージできたのも貴社を志望する理由です。

注目ポイントはココだ！

① 商品のファンという点では、実例20よりも工夫がある。

② 読み手をくすっとさせる工夫がある。実例8も参考に。

③ 志望理由を3つ畳みかける手法を真似しよう。

内定者の
履歴書ES
実例紹介

23 大手鉄道会社

●当社への志望理由を記入して下さい。
[きっかけ]海外旅行の際、電車が定刻に来ることはなく、非常に困った経験があります。その時に、定刻を守るには実は社員1人1人の地道な努力と「誠実さ」が不可欠なのだと気づきました。また貴社でのグループワークを通して、「チームワーク」「ルールを守る」「達成感」を体感しました。この3つをモットーとしてきた私は、価値感の一致を強く感じました。[理由]「社会貢献度が高い」「長く働く環境」この2つが私の企業選びの軸です。その中でも貴社の①人口・GDPの約6割を占めている点②転勤がなく"ファミリーフレンドリー企業"表彰されている点③専門性を身につけ、生かすことができる点④"eco出張"など環境保全への取り組みで"地球"と共生する「次なる日本の創造」に携わることができる点、が魅力と考えます。

注目ポイントはココだ!

① 自分と会社の価値観の一致をアピールするのも定番。参考に。

② 会社選びの軸を示した上で会社の特徴をあげる。お手本に。

③ 第一志望ならば、3つも4つも魅力をあげよう。参考に。

内定者の
履歴書ES
実例紹介

24 大手家電メーカー

当社でやってみたい仕事や夢と、その理由を記入して下さい。	「ものづくりの一員」として強い使命感をもち、社会課題解決に貢献したいです。 以下の魅力をもつ貴社だからこそ実現できると考えます。 ①「地図に残る仕事」から身近なものまで幅広い事業フィールド→自分の力を生かすフィールドが無限にある ②「人を生かす」社風がある→OB訪問やセミナーを通じて感じた。「長く働くことができる環境」がある ③「選択と集中」「V1戦略・AD戦略」→時代の変化に合わせて成長する貴社と共に自分も成長していける 幅広くアンテナを張り、技術者の方とは異なった視点をもったマルチプレーヤーになりたいです。

注目ポイントはココだ!

① 冒頭1行目に結論をズバリ書く。お手本に。

② 総合大手企業を選ぶ場合の一つの理由。参考に。

③ 会社案内や説明会で得た情報を積極的に使おう。

内定者の
履歴書ES
実例紹介

25 大手総合重工業会社

●当社に入社してやりたいこと（志望理由を含めて記入して下さい）

①

貴社は航空機事業では機体とエンジン両方の生産を手掛け、それぞれの分野で国際的プロジェクトに参加している。このような貴社で、航空機のプロジェクトに携わりたいと思っています。航空機のプロジェクトは息が長いと思うので新規案件の受注から、実際の納入に至るまで一連の流れに携わり、後世にも貢献したいのです。

② ③

注目ポイントはココだ！

① 同業他社と比較して優位な特徴には必ず触れよう。

② 配属希望のプロジェクトが明確だと、この課題は作成しやすい。

③ 「受注から納入」「調査分析からテスト」等、受験企業の表現を正確に使おう。

内定者の
履歴書ES
実例紹介

26 大手保険会社

●志望動機

①

「バッジも名刺も 会社名 とも明かさずに、自分を売れるか」というフレーズに憧れました。私の描く社会人像はお客様にとっての主人公が自分である事です。貴社は独立系である事から、枠にとらわれないオリジナルな戦略が持ち味です。その中で勝負するのに必要な能力は、私自身の人間力です。お客様の信頼を得た分、安心を提供して還元のできる人間となり、それに本気で取り組む志を培える会社であると感じました。

② ③

注目ポイントはココだ！

① 懇談会等で強く印象に残ったことを冒頭で使う工夫が良い。

② 「例えば（中でも）○○戦略が印象深かったです」と続けるべき。

③ 人間力を自己PRすれば、この志望動機と連動し説得力が増す。

memo

第1章

30分で完成!
簡単ES作成術

内定者が作成したESを見本にシンプルな自己PRを書いてみよう!

ES作成は「習うより慣れよ!」の気持ちでスタートしましょう。実際にESで使用する自己PRの書き方は第2章でしっかり学びますが、第1章では、まず非常にシンプルな自己PR（簡易版自己PR）を作成します。簡易版自己PRは、就職活動のプレエントリーの段階でも使える他、この作成作業を一度経験しておくことで、自分の頭の中が整理され、後々の活動を優位に運ぶことができます。

また、この簡易版自己PRは、第2章以降で作成する実践版・自己PRの骨格にもなるので、簡単とはいえ、丁寧に取り組みましょう。

第1章の活用方法

この章は、自己PR作成に必要なネタを整理するための16種類の「WORK」と、その結果として作成される「自己PRの具体例」（簡易版自己PRとその作成手順、さらにより内容の濃い充実版自己PR）で構成されています。

まずは、16種のWORKに取り組みましょう。各WORKには記入時のヒントとなる先輩就活生の書いたメモが実例として紹介されています。WORKは1～16まで順番通り行わなくても構いません。一通りの作業を済ませた後、「記入箇所が多い」WORKから作成手順や見本を参考に、簡易版自己PRを作成していきましょう。

WORK 01 自分をタンスに見立て大学生活を整理する引き出しを設定する

大学生活で力を入れて取り組んだことを書き出しましょう。力を入れたことのラベルを引き出しに貼るイメージで行います。

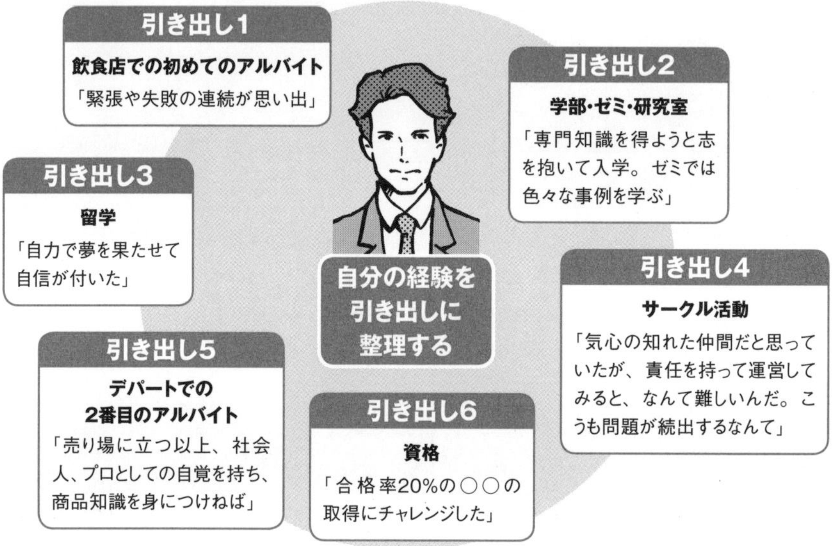

引き出し1
飲食店での初めてのアルバイト
「緊張や失敗の連続が思い出」
引き出し2
学部・ゼミ・研究室
「専門知識を得ようと志を抱いて入学。ゼミでは色々な事例を学ぶ」
引き出し3
留学
「自力で夢を果たせて自信が付いた」
自分の経験を引き出しに整理する
引き出し4
サークル活動
「気心の知れた仲間だと思っていたが、責任を持って運営してみると、なんて難しいんだ。こうも問題が続出するなんて」
引き出し5
デパートでの2番目のアルバイト
「売り場に立つ以上、社会人、プロとしての自覚を持ち、商品知識を身につけねば」
引き出し6
資格
「合格率20%の○○の取得にチャレンジした」

内定者の実例

引き出し1	初めてのアルバイト（飲食店）	引き出し4	テニスサークル
引き出し2	経営学部での、企業経営をテーマとするゼミ	引き出し5	2番目のアルバイト（デパート）
引き出し3	留学	引き出し6	資格取得への挑戦

実際に書いてみよう（3つ以上の引き出し作りを目指そう）

引き出し1		引き出し4	
引き出し2		引き出し5	
引き出し3		引き出し6	

上の表のように大きな引き出しを作ったら、**それぞれの引き出しについて振り返ってみましょう。**自分の引き出しの内容を更に掘り下げていくのです。

WORK 02

力を入れたことに取り組むに当たっての動機・目標を整理しよう

WORK01で書き出したことに取り組むに当たっての動機・目標が何だったのかを考え、次ページに書き出しましょう。(以下の内定者の実例を参考にしましょう)

内定者の実例

引き出し1に伴う動機・目標	・始めた動機は社会勉強のため。 ・留学費用を稼ぐため。
引き出し2に伴う動機・目標	・就職に当たって、実践的に役立つ勉強をしたいと思った。
引き出し3に伴う動機・目標	・武者修行。自分を鍛えたいと思った。 ・英語力を高めたいと思った。
引き出し4に伴う動機・目標	・友達を増やしたい。 ・大学生活を充実させたい。
引き出し5に伴う動機・目標	・留学費用を稼ぐため、掛け持ちで始めた。 ・経営を学ぶ実践の場とすることも目指した。
引き出し6に伴う動機・目標	・パソコンをきちんと使えるようになりたいと思った。

＊実例は複数の内定者の項目よって構成されたものです。従って、あなたが記入するP.52の枠は、すべて埋める必要はありません。

実際に書いてみよう

引き出し1に伴う 動機・目標	
引き出し2に伴う 動機・目標	
引き出し3に伴う 動機・目標	
引き出し4に伴う 動機・目標	
引き出し5に伴う 動機・目標	
引き出し6に伴う 動機・目標	

自己PRの見本はコレ!

WORK 01・02
「動機・目標に触れた自己PR例」

作成手順

まずWORK01で書き出した「力を入れたこと」を紹介した上で、WORK02の「動機」と「目標」を記述。次に目標達成に向けての取り組みを、「例えば…」と続け、最後に成果で締めくくる。

簡易版◎自己PR

サークルに力を入れました。動機は、友人という財産をたくさん作りたかったからです。目標は50人。この目標を確実に達成しようと、例えば、先輩の手伝いや何らかの役割を積極的に担いました。理由は、先輩、後輩、OBらとの接点を増やすためです。現在、目標以上の先輩、友人を得られています。

充実版★自己PR

私は「日本人論」の研究に力を注いでいます。日本史学科の勉強を通して、**日本人の習性に興味を持ち、もっと深く知りたくなったのです（動機）。日本人が何を肯定し、何を否定する種族であるかを解明し、私なりの「日本人論」を発表することが目標です（目標）。**

しかし、日本人論は多くの学者によって発表されており、同じ手法を取っていては私の論は歯が立ちません。そこで考えたのは、政治経済史など、大衆から遠く堅い分野ばかりに捕らわれている学者の盲点にあえて踏み込み、娯楽文化から日本人を解明することです。例えば、「1945～50年の日本人はアメリカ化によって自我を再確立した」という学者の論は、大衆娯楽の代表である野球のケースには当てはまりません。

なぜなら、この時代の日本人は野球を日本化したと声高に叫んでいたからです。このように、大衆と密接な分野を研究することで、よりリアルな日本人論を確立できると考えています。

WORK 03 行動には人との出会いが伴う。あなたにとってプラスになった出会いを思い出し、整理してみよう

WORK03では、自分の成長や経験を克明に思い出すきっかけとして、これまでに出会った人を引き出しごとに整理しましょう。出会いから受けた刺激やそのシーンが頭に浮かんでくるはずです。また、人から学ぶ姿勢は企業が求める人材要素となります。

内定者の実例

引き出し番号	出会った人	印象に残っている行動、言葉
引き出し1に伴う出会い	店長の佐藤さん	・「続けられるかと不安がらなくて大丈夫だからね」 ・指示が具体的だった。また、提案したことに対しては、必ず検討してくれた。却下の場合でも、その理由を明確に教えてくれた。こういう姿がリーダーシップだと思った。
	山田先輩	・「お客様が何を求めているかを感じ取ろうと心掛けることが接客の仕事」と教えてくれた。
	他の社員やアルバイトの方々	・送迎会を開いてもらえた。ホールだけでなく調理スタッフの方々も参加してくれた。
引き出し2に伴う出会い	クラスメートで友人の太田君、絵美さん、トシキ	・入学後最初の友人。太田君は兄貴分的存在、絵美さんは勉強家、トシキはムードメーカー。
	大崎教授 山下君	・「自主性を強化すれば更に成長できる」(教授の一言)。 ・ゼミはもちろんのこと、サークルやアルバイトにも真剣に取り組んでいる山下君の姿を見て、自分が小さく思えた。
引き出し3に伴う出会い	各国から集まったクラスメート	・私の下手な英語にも調子を合わせてコミュニケーションを取ってくれた友人たちの思いやりは忘れない。自分など足元にも及ばない猛勉強家たちだった。
引き出し4に伴う出会い	小林先輩	・「リーダーは引っ張るだけでなく、耳を傾けることも大切」とアドバイスされた。後輩にもまめに声を掛けていた。偉ぶるところがなかった。みんなから尊敬されていた。

引き出し番号	出会った人	印象に残っている行動、言葉
引き出し5に伴う出会い	N大の同じ学年の結城さん	・私より1カ月早くアルバイトを始めただけだったが、商品知識が豊富で頼りになった。仕事に取り組むまじめさを見習った。
引き出し6に伴う出会い	クラスメートで友人の高橋君	・「最近はテキストで勉強してないね。あなたを見て、私も資格に挑戦することにしたんだよ」と言ってくれたおかげで、不合格のショックから立ち直れた。

実際に書いてみよう（引き出し番号は「出会った人」を記入した後に記載）

引き出し番号	出会った人	印象に残っている行動、言葉

自己PRの
見本は
コレ!

WORK 03
「プラスになった出会いに触れた自己PR」

作成手順

WORK03の「出会った人」及び、その人に「関連するエピソード」を紹介。次に、「影響を受けた私のエピソード」を「そこで…」と続け、「出会いから得た私のプラス」で締めくくる。

簡易版◎自己PR

サークルのY先輩が会議で発した「サークルが君たちを楽しませてくれると期待するのではなく、君たち自身がサークルを楽しいものにしようと行動して欲しい」の一言が私の心に響いた。そこで、積極的に先輩たちの輪に入ることを心掛けた。この結果、ランチなどに誘われることが増え、大学生活全体が充実した。「自分から行動を起こす大切さ」に気付かせてくれた先輩に心から感謝している。

充実版★自己PR

飲食店でのアルバイトに力を入れてきましたが、始めてから1年が経過したころに交代した**新店長（出会った人）**との出会いが私の成長の糧となっています。店長交代によって、ガラッと店の方針が変わりました。旧店長には、「売上をどう上げるか」を求められていましたが、**新店長の方針は、「お客様に満足していただくことを考えよう」というものでした（関連エピソード）**。正直、何もアイデアが浮かびませんでした。

そこで、**「自分が客であれば、こうしてもらったら嬉しいのでは？」と思い付いたことを、すぐに実行することから始めました。具体的には、おしぼりを2度出すなどの行動です（影響を受けた私のエピソード）**。ちょっとしたことなのですが続けると、「ありがとう」や「また来ます」という声を多く頂戴するようになりました。

「お客様のことを考え、行動することによってはじめて結果（=売上）につながる」この大切なことを気付かせてくれた（出会いから得た私のプラス）新店長に心から感謝しています。

WORK 04 出会った人々から褒められたこと、評価されたことや認められたことを整理してみよう

ここでは出会った人々から評価されたこと、認められたことを整理しましょう。自己PRのネタとなる行動には、人からの評価が伴っていることが多いはず。自己PRに第三者の評価や抜擢された事実を加えると、PRの内容に客観性と実証性を加えられ、説得力を高めることができます。

内定者の実例

引き出し番号	誰から	評価の内容
引き出し1の評価	佐藤店長から	・3カ月で教育係に抜擢された。 ・約半年でレジ締め係を任された。 ・約1年で時間帯責任者に抜擢された。 ・「留学から戻ってきたら、すぐに復帰して欲しい」と言ってもらえた。
引き出し2の評価	大崎教授	・後期に入ってから「レポートの質が良くなっている」と褒めてもらえた。
引き出し3の評価	クラスメートから	・毎晩ルームメートを相手に練習したかいがあって「プレゼンがとても良くなった」と褒めてくれた。
引き出し4の評価	後輩から	・先輩の指示は言葉だけでなく自らの行動が伴っているから尊敬できる、と褒められた。
	同期から	・新入生勧誘の呼び込みを行う私の姿を見て「あんなに度胸があるとは思わなかった」と感嘆された。
引き出し5の評価	社員から	・「お店全体に対して当事者意識が持てているので、アルバイトにしておくのはもったいない」と言ってもらえた。
引き出し6の評価	クラスメートの友人	・「休み時間も勉強して頑張っているね」と言われた。

実際に書いてみよう（引き出し番号は「誰から」を記入した後に記載）

引き出し番号	誰から	評価の内容

自己PRの見本はコレ!

WORK 04

「出会った人からの評価に触れた自己PR例」

作成手順

WORK04の評価につながる自分の「強み」と、それを「発揮した取り組み」を紹介。次に、成果を「出会った人＝周囲からの評価」とともにアピール。

簡易版◎自己PR

強みは「有言実行力」です。この強みを発揮したのは資格の勉強です。「毎日1時間以上は勉強し合格する」と家族や友人にした宣言を、サークルや試験で忙しい時期も守り通しました。この結果、これまでに3つの資格に合格でき、友人からは、「2年も続けているなんて凄い」と褒めてもらえました。

充実版★自己PR

私の強みは「信頼関係を築くコミュニケーション能力」です。私が講師を務めていた塾は、テストで平均点に達しない小中学生に対して、勉強が好きになるサポートをすることが特徴でした。私はここでの活動を通してこの能力を身につけました。

ここで努力したことは、勤務時間外であっても、時間があれば塾へ通い生徒と接する機会を増やすことです。**50人近くのさまざまな生徒と触れ合う中、いつしか、私自身が生徒とのかかわりを楽しむようになり、「好きな先生」「成績を上げた先生」の評価でナンバーワン賞を獲得することができました（出会った人から評価されたこと）。**

「かかわりを楽しむ」という面においては、塾内だけでなく、大学の先生や初対面の方とお話しする時にも心掛けています。このような私ですので、多くの人とかかわれることに喜びを持ち、新たな関係を築き上げることには負けない自信があります。

WORK 05 周囲から評価された時、どんな「やる気」がわいてきたか。また、そのやる気でどんな行動を起こしたかを整理しよう

周囲から評価された時には、あなたの「やる気」が増したはずです。ここでは、その意欲と行動を整理しましょう。やる気と挑戦の繰り返しで、人はスケールアップします。この変化を通して、仕事でも伸びていける自分をアピールできるのです。

内定者の実例

引き出し1に伴うやる気	・時間帯責任者を任されたことを契機に、同僚の心をつかみ、指示できることを目指した。戦国武将を本で研究した。今では責任ある立場をどんどん担いたいと思うようになっている。
引き出し2に伴うやる気	・経営という分野については「本当に勉強した」と胸を張って卒業できるようになってやろう。将来は経営者になりたいと本当に思うようになった。ゼミの予習をしっかり行うようになった。
引き出し3に伴うやる気	・積極的にチャレンジして、いっぱい思い出を作ってやろう！　イベント実行委員に立候補した。また、留学から帰国後は、積極的にサークル運営に取り組んだ。これからは何ごとにも積極的にかかわっていこうと決意した。
引き出し4に伴うやる気	・これからも、まず自分が動く姿を示す人間でいよう。仕事も、この姿勢で頑張ろう。リーダーである経営者にじかに触れる機会を増やすためにも、コンサルタント会社に入社したいと考え就職活動を頑張っている。
引き出し5に伴うやる気	・お店の経営の面白さを知り、経営についての知識をもっと深めたいと思った。大学の教科書を何冊か、最初から読み直した。社員の方ともっと親しもうと思い、積極的に話し掛けている。
引き出し6に伴うやる気	・次は絶対、合格してみせる。合格するまでやめない。具体的な計画を立て、エクセルで管理しながら、着実に進めている。

実際に書いてみよう

引き出し1に伴うやる気	
引き出し2に伴うやる気	
引き出し3に伴うやる気	
引き出し4に伴うやる気	
引き出し5に伴うやる気	
引き出し6に伴うやる気	

自己PRの見本はコレ！

WORK 05
「増したやる気と行動に触れた自己PR例」

作成手順

まずは学生生活で「力を入れたこと」を紹介。次に「困難」な状況と、勇気づけられた「周囲からの評価と役割」を紹介。最後に、他者の評価によって増した意欲・行動・成果で締めくくる。

簡易版◎自己PR

アルバイトに真剣に取り組んだ。この姿勢が認められ、新人の指導係を任された。期待に応えようと自分なりに仕事のコツをまとめて臨んだが、最初に担当した新人からつまづいてしまった。手順は教えられるのだが、心の部分をうまく伝えられなかったのだ。そんな時、「君自身が最高の教材なのだから大丈夫！」と店長が勇気づけて下さった。「この期待に応えたい！」そう思った私は迷いを捨て、教え方を色々と試してみた。その結果、今では多くの後輩から頼りにされている。

充実版★自己PR

体育会の準硬式野球部に力を入れました。最高学年時には主将を任され、練習内容の決定から試合の采配まで、すべてを私が取り仕切ることになりました。試合にフル出場し、チームをリードしなければならない立場だったのですが、不運にも肩を壊し、思うようにプレーができなくなってしまいました。試合には出られずとも主将としての役割を果たそうと必死に頑張りましたが、思うような結果が出ず、「こんな私がチームの指揮を執って良いのだろうか」と自問自答する毎日でした。

そんな時、**同期のメンバーに「お前しか主将できるやつおらんから頑張ってくれよ!!」と言われました（周囲からの評価の声）。この言葉に奮起し、最後のリーグ戦前は人一倍練習しました。そうすることでしか、メンバーの道標になれないと思ったからです（やる気を増したエピソード）**。その結果かどうかは分かりませんが、最後のリーグ戦ではチームとして、過去最高の結果を残すことができました。

WORK 06

失敗、困難・苦労したことを整理しよう

それぞれの引き出しに対応する取り組みの中では、さまざまな失敗や困難・苦労があったはずです。頑張れる自分をアピールするためのネタとして、整理しておきましょう。

内定者の実例

引き出し1に伴う失敗、困難・苦労	（失　敗）	初日はどう動いていいか分からず、萎縮してしまった。注文を間違え、お客様にもお店にも迷惑をかけてしまった。
	（困　難）	お店の隣に競合店が進出し、一時、売り上げが激減した。
引き出し2に伴う失敗、困難・苦労	（失　敗）	1年の時、一般教養の科目を2つ落としてしまった。油断だった。
引き出し3に伴う失敗、困難・苦労	（困　難）	最初はなじめず、他の学生の輪に入っていけなくて苦労した。
引き出し4に伴う失敗、困難・苦労	（困　難）	自分たちが幹部になってから、選手選考基準の問題で一時、サークルが分裂状態になった。
引き出し5に伴う失敗、困難・苦労	（苦　労）	年上のパートの方に指示を出さねばならず、最初はとまどった。
引き出し6に伴う失敗、困難・苦労	（困　難）	自信があったにもかかわらず不合格だった。下がってしまったモチベーションを取り戻すのに2週間かかった。

実際に書いてみよう

引き出し1に 伴う失敗、 困難・苦労	
引き出し2に 伴う失敗、 困難・苦労	
引き出し3に 伴う失敗、 困難・苦労	
引き出し4に 伴う失敗、 困難・苦労	
引き出し5に 伴う失敗、 困難・苦労	
引き出し6に 伴う失敗、 困難・苦労	

自己PRの
見本は
コレ!

WORK 06
「失敗・困難・苦労に触れた自己PR例」

作成手順

学生生活で「力を入れたこと」における「失敗・困難・苦労」を紹介。次に、「乗り越えようと自分なりに頑張ったこと」と、その後に得た「成果・成長」を続ける。最後に、「現在、より上を目指して頑張っていること」を紹介し締めくくる。

簡易版◎自己PR

サークルの会計職に特に力を入れて取り組んだ。会費徴収100%を目標に臨んだが、当初は70%を切ってしまうありさまだった。この現状を変えようと、毎月、細かく収支を発表し明朗なものにすると同時に、会費の重要性の理解を得られるよう努力した。この結果、全員が期日に自分から納付してくれるようになった。この経験から、理解を得る力の大きさを知り、プレゼン力を磨いている。

充実版★自己PR

「花の老化メカニズムの解明」——この研究に私は最も力を入れています。**研究室に所属したばかりのころは、実験手法など分からないことばかりで、失敗しては先輩から注意され、いつも落ち込んでいました。また、研究材料に「花」という生物を選んだために、休日であろうと、毎日世話をしに学校に通わねばならず、研究テーマの選択を後悔することも度々でした(取り組みに対する失敗・困難・苦労)。**

しかし、地道な努力を重ねるうちに、実験対象の花が、我が子のように可愛く思えるようになり、また、先輩の注意とセットになったアドバイスを素直に受け止められるようにもなって、研究に面白さを見出せるようになりました。こうして研究を続けた結果、学内の卒業論文発表会では、ベストプレゼンテーション賞をいただくことができました。現在は、園芸学会で研究成果を発表する予定があり、やりがいを持って研究を続けています。

WORK 07 困難などに直面した時に、あなたが創意工夫したことや努力した内容を整理しよう

WORK06で整理した失敗や困難・苦労に対して、どのような創意工夫や努力をしたかを振り返り整理しましょう。創意工夫や努力を加えることで、マニュアル人間ではなく、自らの考えを持って行動する人間像をアピールすることができます。

内定者の実例

引き出し1に伴う創意工夫・努力	・店長に謝罪したうえで、「成長してみせます」と宣言した。 ・他の人の動きや言葉遣いを観察し、メモした。 ・メニューを一部いただき、帰宅後、料理名と価格をすべて暗記した。 ・部屋で、先輩の言葉遣いを何度もまねて、声に出してみた。 ・雨の日にお客様の傘を預かり、ビニール袋に入れるサービスを自分が考えて行った。 ・手が空いた時は洗い場を積極的に手伝い、他のメンバーとのコミュニケーションを深めた。 ・競合店対策として、最寄り駅で配布されるフリーペーパーに載せる広告を作成し、店長に提案した。
引き出し2に伴う創意工夫・努力	・2年からは、興味の度合いにかかわらず、登録した授業はすべて真剣に聴講した。 ・課題に関する情報を図書館とインターネットで集めた上で、取り掛かった。 ・理解できない部分や曖昧な部分は、必ず教授に質問し、理解した。 ・レポート作成では、情報を転記するだけでなく必ず自分の考察を加えるようにしている。
引き出し3に伴う創意工夫・努力	・ルームメートに負けないよう、眠る時間を削って遅くまで勉強した。 ・一言一言、相手の顔色をうかがいながら話していた自分を変えようと努力した。 ・ルームメート相手に何度も練習した。 ・恥をかく覚悟を決めてプレゼンに臨んだ。

引き出し4に伴う 創意工夫・ 努力	・サークルの練習参加率を上げるために、選手決定は、練習参加率7割以上の者を対象とすることをルール化した。また、正式試合に出られない人のために、他サークルとの練習会や試合を数多く実行し、サブメンバーに優先的に試合機会を与えた。 ・キャンパスが分散している中で、メンバーのつながりを保つため、メールを活用してサークル情報（練習会の結果など）をこまめに発信した。 ・サークルのブログを作った。新人勧誘に効果を発揮した。
引き出し5に伴う 創意工夫・ 努力	・社員の方の対応を観察して、主婦の方、ビジネスパーソンの方など、それぞれ相手に合わせ、どのような話題でコミュニケーションしているかを学び、積極的にまねた。新聞やテレビは、ネタを仕入れるという意識で、見たり読むようになった。 ・お店の全体の売り上げや来店数なども社員から教わり、少しでも経営を勉強しようと思った。 ・休憩時間は、パートやアルバイトの方と世間話をして親しくなることを心掛けた。自分より長く働いている人には、自分からたくさん質問し、仕事について教えてもらった。仕事中も明るい声で、とにかく声を掛けることを意識した。
引き出し6に伴う 創意工夫・ 努力	・エクセルで試験日までの勉強計画を作ると同時に、進み具合を入力するようにした。 ・分野別に自分の得意不得意をチェックする意識も芽生え、この分野別の成績分析もエクセルで行った。 ・自分を「引くに引けない」状態にするため、友達に不合格で再挑戦していることを話し、刺激し合いながら頑張ろうと声を掛けた。

実際に書いてみよう

引き出し1に伴う創意工夫・努力	
引き出し2に伴う創意工夫・努力	
引き出し3に伴う創意工夫・努力	
引き出し4に伴う創意工夫・努力	
引き出し5に伴う創意工夫・努力	
引き出し6に伴う創意工夫・努力	

自己PRの
見本は
コレ!

WORK 07
「創意工夫・努力に触れた自己PR例」

作成手順

「力を入れたこと」に続けて、「問題が生じている状況」と「その問題解決のために創意工夫・努力したこと」を紹介。このパターンでは、結論を急がず、「完全には問題解決できなかった状況」や、「更に、どう創意工夫・努力したか」を紹介した上で、成果や自信がついたことに触れて締めくくる。

簡易版◎自己PR

50名以上の部の二部キャプテンに特に力を注いだ。以前から運営は一部中心に回っており、この状況を変えたいと会議では積極的に発言した。しかし、他のメンバーがついてこない状況では空回りだった。試合で結果を残すことが現状を変える近道と考え、一部に二部の強化練習の助力を仰いだ。この結果、一体感が高まり、自然と二部メンバーの積極性も増した。この経験からリーダーシップに自信が持てるようになった。

充実版★自己PR

在籍人数40名、内5名はアメリカ人や中国人、韓国人という国際色豊かな研究室に所属していました。私が特に力を入れたのは、実験機器の使用方法の改善です。測定機器数に限りがあり、自分勝手に使っては実験できない人が出ていたのです。

この問題を解決しようと、**まず全員から使用上の不満や改善案などを聞き取り(努力)**、不満が生まれる原因を考えました。次に、それらを解消するルールを作り、**図や写真、ビデオなど視覚に訴える(創意工夫)**資料を用いて説明することで全員の意識統一を狙いました。しかし外国の方には文化や習慣の違いからなかなか受け入れてもらえませんでした。そこで、ジェスチャーや英語を使いルールを守る理由や必要性を**繰り返し訴えることで(再度の努力)**、少しずつ改善に繋がりました。

この経験から「率先して働きかけることで周りを変えることができる」自信が付きました。

WORK 08 困難を乗り越えていく過程での あなたの心の中の動きを整理しよう

失敗した時の反省や困難に直面した時の問題意識、努力や創意工夫を思い立った時の気持ちなど、困難を乗り越えていく過程ではさまざまな感情の動きがあったはずです。ここではその時の心の中の動きを整理しましょう。心の動きを通して、あなたの人柄（誠実さ、精神的強さなど）を伝えることができます。企業は問題意識を持てる人、そこから何かを考え、アクションを起こせる人を求めているのです。

内定者の実例

引出し1に伴う心の中の動き	・「店長への謝罪」→このまま逃げて済ましたら一生、苦手意識が染み込んで臆病になってしまうと考えた。 ・「フリーペーパーへの広告提案」→真向かいに新しい競合店ができ、このまま同じことをしていては、いくらかのお客さんは必ず競合店に流れてしまうという危機感が募った。 ・「雨の日のビニール袋」→山田先輩の言葉に刺激を受け、お客様のニーズを感じようと心掛けていた。
引出し2に伴う心の中の動き	・単位を落とした時、楽なほうに流されている自分を恥ずかしいと思った。 ・勉強面では特別に頑張った思い出が一つもないまま学生時代が終わってしまうのは、高い学費を払っているのに問題だと、きちんと取り組んでいるゼミの友人、山下君を見て思った。
引出し3に伴う心の中の動き	・高い留学費をかけているのに、このまま日本には帰れないと思った。 ・自分によって、日本人はダメだとイメージされる訳にはいかないと思った。 ・いくらまじめに勉強しても、マスターしたことを発揮する度胸が足りなければ不十分だと反省した。

引出し4に伴う心の中の動き	・メンバーが多い分、不満もたくさんあるはず。全員の不満を解消することはできないから、一貫した姿勢を示すためにも、何を優先するかを考え、また、サークルに熱心な人が納得できる基本方針を明確にし、全員に伝えていかなくてはならないと考えた。
引出し5に伴う心の中の動き	・せっかくゼミで経営の勉強をしているのだから、アルバイトを実践的に学べる場としなくてはならないと思った。それまで、接客という狭い役割・視野でしか取り組んでいなかったことを反省。 ・世代を越えてコミュニケーションし、仕事をスムーズに協調して行えるようになることが、社会に出る前の一番の勉強になると思った。
引出し6に伴う心の中の動き	・一度の不合格で投げ出している自分は幼いままだと反省した。 ・合格している人がいるのだから、自分が頑張ったつもりでも、どこかに甘さや無駄があるはず。 ・勉強姿勢にムラがあったことを反省し、計画をきちんと実行するまじめさを身につけようと思った。

実際に書いてみよう

引出し1に伴う心の中の動き	
引出し2に伴う心の中の動き	
引出し3に伴う心の中の動き	
引出し4に伴う心の中の動き	
引出し5に伴う心の中の動き	
引出し6に伴う心の中の動き	

自己PRの見本はコレ!

WORK 08
「乗り越える過程の心に触れた自己PR例」

作成手順

「力を入れたこと」及び「取り組み過程で生じた問題」を紹介。次に、「迷い悩んだシーン」など、「過程での心の動き」を続ける。最後に、問題解決の答えを見つけ、「成長できた自分」を紹介して締めくくる。

簡易版◎自己PR

ゼミに力を注いだ。勉強会を企画したが、自分と同程度の熱意を持って参加する人は少なかった。「どうすれば、もっと真剣になってもらえるだろうか?」と思い悩んだ。そんな時、「最も立場の弱い人に会議の仕切りを任せる」というノウハウに触れた。これを応用して勉強会のテーマ設定を欠席の多いメンバーに委ねてみた。この結果、メンバーの参加率もモチベーションも向上した。自発性を引き出すことが大切だと学べた。

充実版★自己PR

サークル活動に大学生活のほとんどを費やし、最後は部長として1年間、同期・後輩のために頑張りました。しかし、良かれと思って行動したことが、相手にはおせっかいと受け止められ衝突し、その衝突が長引くこともありました。

「なぜ、衝突してしまうのか?　なぜ、すぐに衝突を解消できないのか?」この自己分析を通して見えてきたのは「狭量な自分」でした。誰にでも誤解することがあります。しかし私は、「こちらの善意を理解できないなんておかしい」と、相手を許すことができなかったのです(過程での心の動き)。

そんな私を気付かせてくれたのは、相手の立場に立つ大切さを諭してくれた友人です。私は貴重な友の存在によって、次第にですが、相手がどう受け止めたかを想像し、「一歩引ける」自分に変わることができました。今では、押し付けではないアプローチができる自分に成長できていると感じています。サークルという場は、私を一歩大人へと育ててくれた大切な場です。

WORK 09 自分の限界を突破できたこと、成長できたことを整理しよう

WORK08では困難に向き合う心の中の動きを振り返りましたが、WORK09では、困難を乗り越えることで得た良い成果や人間的に成長できたことなど、さまざまな結果を整理しましょう。結果を出せる、成長できる自分に自信を持ち、堂々と採用担当者にアピールできるようになるでしょう。

内定者の実例

引き出し1に伴う成果・成長	・月間売り上げ3000万円を仲間と協力し合って達成し、お店から報奨金をいただけた。 ・チームワークの力で、一人ではできない大きなことを達成したいと志向する自分に変われた。 ・働くことに自信がついた。就職が怖くなくなった。 ・教育係を通して、褒めることの大切さが分かった。 ・責任を負わされることをやりがいと思える自分に成長できた。
引き出し2に伴う成果・成長	・授業やレポート作成が苦痛でなくなった。教室では、最前列に座るようになった。理解できることが増え、ゼミで企業のケーススタディーを学ぶことが、ますます楽しくなっている。 ・会社や仕事に対する知識が増えた。 ・勉強を通して経営の面白さが分かったので、就職活動では、あえて多くの業界の会社を訪問している。企業の話を聞ける就活が楽しくて仕方がないと思える自分になれた。この就活で聞いた各社の社内制度などの知識を、卒論に生かしたい。 ・学ぶことによって自分を鍛えていくことの大切さが分かるようになった。視野をどんどん広げていきたい。

引き出し3に伴う成果・成長	・留学を終えて、積極的な性格に変わった。なんとなく人に対して遠慮がちな部分があったが、その遠慮を越えて接することができるようになった。大学生活での交遊範囲が広がったと実感している。友人との忙しい日々が楽しくて仕方がない。 ・自分の考えを臆せず言えるようになった。受け身ではなく、働きかけるタイプに変われた。 ・おとなしいタイプであった自分がエネルギッシュな自分に変わったと思う。 ・今でもメールのやりとりをする5カ国の友人を得ることができた。
引き出し4に伴う成果・成長	・チームをまとめていくためには、公平であることや、ルールを全員が納得して受け入れる状況を作るために、ルールを作るだけでなく、説明や論議を尽くしていくことの大切さが分かる自分に成長できた。 ・明確な目標を持って行動する自分に成長できた。 ・練習参加率が増えた。退部者が減った。 ・後輩が自分を信頼してくれるようになった。
引き出し5に伴う成果・成長	・社員から、本社からの方針などを話してもらえるようになった。アイデアを聞かれるようにもなった。社員からの信頼を得ることができた。 ・利益やコストについて考えるようになった。効率的に、提案的に働く意義を持てるようになった。 ・社会人とコミュニケーションできるようになった。 ・タイプの違いや年齢の違いからの苦手意識がなくなった。 ・人の役に立てることが、楽しいと思える心を持てるようになれた。
引き出し6に伴う成果・成長	・その日の勉強を、より目的意識を持って行えるようになった。合格までの自分の位置を常につかめているように思う。漠然とした不安ではなく、具体的な課題を持つ自分に変わった。 ・大ざっぱな自分だったが、計画することの大切さを実感できた。計画に従って行動するという考えが、苦手でなくなった。 ・自分の中で、粘り強さが増している。

実際に書いてみよう

引出し1に伴う 成果・成長	
引出し2に伴う 成果・成長	
引出し3に伴う 成果・成長	
引出し4に伴う 成果・成長	
引出し5に伴う 成果・成長	
引出し6に伴う 成果・成長	

自己PRの見本はコレ！

WORK 09

「乗り越えた後の結果に触れた自己PR例」

作成手順

「困難な状況」と「乗り越えた結果」を紹介し、まず自己PRを完了させる。次に、「実は…」の書き出しで、あえて「自分の限界（弱点）」に触れる。その限界の「突破に結びついたエピソード」を語った上で、「成果・成長」で締めくくる。これにより、自己PRに厚みが増す。

簡易版◎自己PR

辛かったことは留学だ。初日から自信は打ち砕かれた。全く英語が通用しなかったのだ。しかし、今は、とても有意義な留学であったと胸をはって言える。実は、日本での私は誰よりも勉強していると慢心していた。この慢心に気づかせてくれたのは、寝る間を惜しんで貪欲に学ぶルームメイトだ。「日本の基準で慢心してはならない」ことに気付く機会を得られた価値ある経験となった。

充実版★自己PR

学生生活の中で一番辛かったことは教育実習です。最初は、学習指導案の作り方など基本的な部分から不安を抱え、何に対しても自信の持てない日々が続きました。しかし、実習を終えた時点では、生徒とも良いコミュニケーションが取れ、満足な授業ができたと感じています。この成果を得られたのは、先生からのアドバイスはもちろんのこと、他の実習生と「お互いの授業を観察した素直な感想」を交換しあえたからです。

実は、それまでの私には人からの指摘に対し、「分かってないな」と片づける短所がありました（自分の限界）。そんな私が外からの意見を「厳しい指摘がいっぱいの素直な感想」として吸収できるようになったのは、真剣にメモをとりアドバイスを受け、また、アドバイスを次の授業で活かしている他の実習生の存在に気付いたからです（突破に結びついたエピソード）。「今の自分の小さなプライドを守るよりも、成長することが大切」と気付く（成長）機会を得られた教育実習は、学生生活で最も価値ある経験です。

WORK 10

興味が広がったこと、その結果、現在の自分が取り組んでいることを整理しよう

各引き出しの経験から、新たに興味が広がったり、その後、取り組み始めたことなどもあるでしょう。WORK10では、その内容について整理しましょう。採用担当者は、過去の成長にあぐらをかく人ではなく、今も頑張り、成長・発展し続けている人を求めているのです。

内定者の実例

引き出し1に伴う興味の広がり・取り組み	・時間帯責任者を通してリーダーシップへの関心が芽生え、経営者に興味を持つようになった。インターンシップにも積極的に参加した。あえて経営者に会える可能性の高い中小企業を選んだ。
引き出し2に伴う興味の広がり・取り組み	・経営の面白さが分かり、アルバイト先の経営にも興味を持てるようになった。 ・実践の伴った知識とするためアルバイト先の売り上げや来客数アップに積極的に取り組んだ。
引き出し3に伴う興味の広がり・取り組み	・外国の経済状況にも興味を持つようになった。留学時のクラスメートにメールで質問したりしている。 ・海外とかかわる仕事に興味を持ってから、TOEIC50点アップを目標に、現在も取り組んでいる。
引き出し4に伴う興味の広がり・取り組み	・サークルを通して基本方針を示すことが大切だと学んだ。就活では、企業理念にも興味を持って活動している。
引き出し5に伴う興味の広がり・取り組み	・経営状況に興味を持ち、会社情報を集め始めている。 ・新聞の経済面にもしっかり目を通し、志望業界の記事を特にチェックしている。
引き出し6に伴う興味の広がり・取り組み	・エクセルは、使ってみると色々と便利な機能があることが分かった。レポート作成ではエクセルを活用し、データ分析なども記載するようになった。

実際に書いてみよう

引き出し1に伴う興味の広がり・取り組み	
引き出し2に伴う興味の広がり・取り組み	
引き出し3に伴う興味の広がり・取り組み	
引き出し4に伴う興味の広がり・取り組み	
引き出し5に伴う興味の広がり・取り組み	
引き出し6に伴う興味の広がり・取り組み	

自己PRの見本はコレ！

WORK 10
「興味が広がったことなどに触れた自己PR例」

作成手順

「力を入れたこと」と「心掛けていること」を紹介。次に、それらに「取り組み始めたころの未熟な自分」を続ける。これにより、未熟さを脱した後の「成果・成長」や、得られた結果から「興味が広がり、より意欲的な姿勢で取り組んでいる現在の姿」へと自己PRを発展させることができる。

簡易版◎自己PR

力を注いでいる資格取得では、結果よりも、知識をしっかりと吸収することを心掛けている。始めたころは合格の二文字が目標だったが、初挑戦で不合格だったのを機に、改めて資格の意味について考えた。その結果、知識自体を重視する姿勢に変われた。その後、合格の達成感を味わえた時、もっと上位の知識を吸収したいと意欲が増した。現在までに3つの資格を取得し、4つ目に挑戦している。

充実版★自己PR

2年半、鉄板焼屋のホールリーダーとして、お客様目線で考えることを特に心掛けて業務に当たっています。ピーク時のクレームに対して、「忙しい時間帯は仕方ない」と思ってしまう時期もありましたが、お客様の気持ちを考える余裕ができてからは、小さな苦情に対しても心の底から謝罪できるようになりました。その結果、「あなたがいるなら、また来てもいいな」とのお声を頂戴できるようにもなりました。加えて、食後の温茶をお持ちするなどの些細な気配りでもお客様に喜んでいただけることが、うれしく思えるようにもなりました。

それからは、**自ら進んでもっと出来ることはないかと考え（興味の広がり）、今は、お店全体の接客を向上させ、より多くのお客様に喜んでいただけることを目標にしています。スタッフ全員で接客方法を見直したり、練習したりする時間を作り、お客様アンケートにも成果が反映されるよう頑張っています（現在、取り組んでいること）。**

WORK 11

就職選択につながる自己発見やビジョンを整理しよう

WORK10までを通して、仕事選択につながる自己発見や将来のビジョンが生まれたかもしれません。その内容をここでまとめましょう。この自己分析は、自分に合った会社や仕事の発見につながる重要な分析となります。

内定者の実例

引き出し1に伴う就職ビジョン	・仕事でもリーダーシップを発揮したいので、いずれは経営陣の一員になりたいと思うようになった。
引き出し2に伴う就職ビジョン	・専門知識を持って経営を診断できるコンサルタントになりたいと思うようになった。
引き出し3に伴う就職ビジョン	・コミュニケーション力とプレゼン力を発揮できる提案主体の営業にも興味を持っている。 ・海外と取り引きする仕事をしたいという夢も生まれ、商社に興味を持っている。
引き出し4に伴う就職ビジョン	・公平・機会均等の会社で働きたいと考えるようになった。 ・理想のサークル作りを通して、自分の理想の会社作り、起業にも興味を持った。 ・周りから信頼されるためにも、きちんと説得力を持った話と行動のできる社会人になりたい。
引き出し5に伴う就職ビジョン	・アルバイト先のデパートのさまざまな一流商品を目にして、バイヤーという職種に興味を持つようになった。 ・自分が企画したイベントを実行して、お客様の目を輝かせてみたい。
引き出し6に伴う就職ビジョン	・コンピュータの便利さを知り、SE職やコンピュータメーカーにも興味を持っている。

実際に書いてみよう

引き出し1に伴う 就職ビジョン	
引き出し2に伴う 就職ビジョン	
引き出し3に伴う 就職ビジョン	
引き出し4に伴う 就職ビジョン	
引き出し5に伴う 就職ビジョン	
引き出し6に伴う 就職ビジョン	

自己PRの見本はコレ!

WORK 11
「就職のビジョンや自己発見に触れた自己PR例」

作成手順

「志望職」を明確にした後に、「志望職に必要とされる技能や姿勢」と「その技能や姿勢を持っている自分」を過去の経験を通して紹介。次に、読み手に好感を抱かせることを目的に、仕事に対する心構えや意欲など=「職に臨む姿勢」(=ビジョン)を加え締めくくる。

簡易版◎自己PR

プログラマー職を志望します。プログラマーには論理性が必要だと説明会を通して知りました。私は小学生のころから算数・数学が大好きであり、このセンスを生かせると考えています。私は、システムとは社会の最重要のインフラだと感じています。社会の安心・安全に責任を持つ重みを十分に意識して仕事に取り組みます。

充実版★自己PR

営業職を志望します。営業はとにかく足を使い、断られても毎日通い続けることが大事とお聞きしました。

私は中学から現在に至るまで卓球部に所属していますが、**試合で思うような結果が出ない時でも、今は我慢の時だと自らに言い聞かせ続けてきました。また、部員数が30名を超す中で、先輩方から積極的にアドバイスをもらい1年時からレギュラーの座を獲得しました。負けん気、向上心が人一倍強く、設定された目標にも燃えて立ち向かうタイプです。この忍耐力や挑戦心を営業で活かせると感じています(自己発見)**。

「レギュラーだけの勝利ではなく、部員全員の勝利だ」との顧問の先生の言葉を念頭に置き、卓球に打ち込んできましたが、就職後も**「お取り引き先や上司、先輩、同僚全員に支えられて私は営業ができる」という謙虚な姿勢で取り組みたいです(ビジョン)**。

WORK 12 今後の自分へのメッセージ(=社会人としての目標)を書き出そう

WORK12では、今日から社会人になるまでの目標や、社会人としてスタートを切った瞬間からの心構えを設定しましょう。これまでの振り返りを通して得られた自信や反省は、すべて今後の糧にできるものです。気付きや確認できたことをもとにした目標や心構えを設定することが、自分の良き将来につながると同時に、企業の人材に対する期待を満たすことになります。

内定者の実例

引き出し1に伴う自分へのメッセージ	・アルバイト初日の自分は、1日目はできなくても仕方がない、できなくても許してもらえるという甘えがあったと思う。今後は、最初こそ万全の準備と心構えを持って、良いスタートを切り、波に乗って活躍したい。
引き出し2に伴う自分へのメッセージ	・1年の時は、勉強面は手を抜いていた。この時の自分は、授業に出ていた多くの時間を無駄にしたと思う。勉強の大切さを忘れずにいたい。
引き出し3に伴う自分へのメッセージ	・海外の学生が、こんなにも勉強しているとは思わなかった。目標を高く持って、気を緩めず、今後も頑張っていきたい。 ・良きライバルを得て、より頑張る自分になろう。
引き出し4に伴う自分へのメッセージ	・サークルをまとめた成功経験は、自分と年齢的に差のない人々の集団での取り組みに過ぎない。集団をまとめる力については、今後も磨いていく意識を持ち続けたい。
引き出し5に伴う自分へのメッセージ	・卒業までアルバイトを続けることを生かして、フロアの他の店舗の人とも交流を深め、視野を広げようと思う。従業員休憩室での時間を有効利用しよう。
引き出し6に伴う自分へのメッセージ	・計画表を作り、進み具合を管理するようになって、自分には大ざっぱな部分があることを再認識できた。社会人になるまでに、この弱点を克服したい。

実際に書いてみよう

引き出し1に伴う自分へのメッセージ	
引き出し2に伴う自分へのメッセージ	
引き出し3に伴う自分へのメッセージ	
引き出し4に伴う自分へのメッセージ	
引き出し5に伴う自分へのメッセージ	
引き出し6に伴う自分へのメッセージ	

自己PRの
見本は
コレ!

WORK 12

「今後の自分へのメッセージに触れた自己PR例」

作成手順

「目標」及び「目標実現に向けて頑張ったこと」を紹介。次に目標実現後の「新たな取り組み」を加え、「ここまで頑張ってきたことを土台に今後も頑張り続けます」という自分へのメッセージで締めくくる。

簡易版◎自己PR

部のリーグ昇格を目標に、練習方法の改善や対戦相手の分析など、チーム全員が役割を分担し合って頑張り、昇格を達成した。昇格後は、安定した成績を残せるように層を厚くしようと後輩達の実力アップに取り組んだ。この経験を通して、全員で目標を共有し挑戦する醍醐味を味わえた。この充実感を今後も何度も味わえるよう、チームをまとめて引っ張る力を磨き続けていきたい。

充実版★自己PR

海外ボランティア活動に参加した際に英語の重要性を実感してからは、交換留学を目指して授業に励み、TOEFLも勉強しました。そして3年生の時に、留学先の単位が修得した単位として認定される留学を実現しました。留学中も文化や環境の違いに挫けず勉強を続けました。

以前のボランティア活動には自分をアピールできなかった反省が残りました。そのため留学時には特に自分の思いを上手に伝える方法を常に考え、グループ討論でも積極的に話をしました。集団でも自分を表現しながら皆が納得するように話を進めることを心掛けました。**この留学を通して、コミュニケーション力、プレゼンテーション力に自信が付きましたが、それ以上に、世界には有能な人材が多いことを痛感しました。自己研鑽を怠ることなく、自分の成長に貪欲であり続けます（今後の自分へのメッセージ）。**

WORK 13

自分の長所・強みを整理しよう

これまでの自己分析から見えてきた自分の長所や得意なこと、武器を整理しましょう。自分の最大の長所などに気付くのは簡単ですが、小さな長所などは見落としがちです。しかし、小さくても長所は長所です（単に発揮する機会が少なかっただけのこと。その機会がくれば、存分に発揮できる）。この小さな長所までも整理できた時、あなたの職種選択の幅は広がり、志望する会社の特徴や仕事に合わせた自己PRも作れるようになるのです。

内定者の実例

引き出し1に伴う長所・強み	・失敗に対して素直に頭を下げられたこと、逃げずに頑張れたことは長所だと思う。 ・アルバイトメンバーを時間帯責任者としてまとめられたことは強みだと思う。 ・仕事に対する責任感が強く、周りからも認められているのは長所だと思う。
引き出し2に伴う長所・強み	・質にこだわって取り組むまじめさはゼミを通して身についた新しい長所。 ・締め切りまで余裕を持って行動できるようになった。 ・周りに引っ張られず、自分が取るべきと思う行動を取れるようになった。
引き出し3に伴う長所・強み	・語学力は、不得意な人に比べれば強みだと思う。 ・外国の人ともコミュニケーションを取っていた経験は強み。 ・プレゼン力にも自信が付いた。留学を通して得た最大の強み。
引き出し4に伴う長所・強み	・率先的に行動できる。　・みんなが納得できる考え方を示せる。 ・度胸が強みとして身についた。　・他人任せにしないで行動できる。
引き出し5に伴う長所・強み	・経営について理解が深まっている。 ・年上の人ともスムーズにコミュニケーションを取れる。 ・仕事で目指す目標を持っている。　・話題が豊富で、誰とでも話せる。
引き出し6に伴う長所・強み	・計画性を持って取り組める。 ・取り組みを自己管理できる。　・簡単に諦めない。

実際に書いてみよう

引き出し1に 伴う長所・強み	
引き出し2に 伴う長所・強み	
引き出し3に 伴う長所・強み	
引き出し4に 伴う長所・強み	
引き出し5に 伴う長所・強み	
引き出し6に 伴う長所・強み	

自己PRの見本はコレ!

WORK 13
「自分の長所・強みに触れた自己PR例」

作成手順

「長所・強み」及びそれらを「発揮した取り組み」を紹介。次に、「長所・強みが表れた具体的な行動」と「成果」を続ける。長所・強みの記述が済んでも、記入スペースが残っている場合は、「弱点」と「弱点に対する注意」について、「一方で…」の書き出しで続ければ謙虚な印象を与えつつ締めくくることができる。

簡易版◎自己PR

当事者意識が強みです。この強みを、サークル、アルバイト、ゼミで発揮しました。忙しくてパンクしている人がいれば助ける、自分も手一杯で手伝えない時は手伝える人を探すなど、常に当事者として周囲と接していますので、どの活動でも責任ある仕事に抜擢されています。一方で、こんな私を鬱陶しいと感じる人もいるでしょうから、相手との空気を読み取りながら接するよう注意しています。

充実版★自己PR

私のビジネス能力を自己採点すると70点です。70点と自己評価する理由は、問題解決において重要となる**行動力と自己管理能力(長所・強み)**があるからです。これらが培われたのは大学時代の学業を通した行動です。例えば、6時間以上の睡眠確保を両立課題にして、授業中に分からないことはすぐに先生や友達に質問するなど、学習密度を濃くするような努力を続けてきました。そして、このスタンスを4年間通した結果、大学での取得単位数の80%以上でA評価を獲得できました。

一方で、私は完璧主義で外的要因によって**自分の計画を変更することに抵抗を感じる傾向がある(弱点)**と自己分析しています。**突発的な出来事に柔軟に対応できる資質を身に付ける必要を感じている(弱点に対する注意)**ことから、合格一歩手前の70点としました。

WORK 14 自分の短所・弱みを整理しよう

WORK13とは反対に、WORK14では自分の短所や弱みを整理しましょう。理由は、短所の裏返しには長所が、この克服には成長があり、前向きにとらえれば自己PRの材料にできるからです。また、謙虚さを通してアピールする時にも活用できます。

内定者の実例

引き出し1に伴う短所・弱み	・入学当初は、やや働くことに対して考えが甘かった。今は改善できている。
引き出し2に伴う短所・弱み	・大学入学時から1年間は勉強を軽んじていた。今は改善できている。
引き出し3に伴う短所・弱み	・海外に出てみて自分の視野がまだまだ狭いことが分かった。この経験のおかげで、視野を広げる意識（長所）が持てた。
引き出し4に伴う短所・弱み	・大ざっぱなところがあり、細かいことは後輩に任せる傾向にある。社会人になったら、新人の立場からのスタートなので、先輩の雑用も自ら進んで引き受けたい。
引き出し5に伴う短所・弱み	・特になし。
引き出し6に伴う短所・弱み	・一人だとくじけそうになる弱さがあるかもしれない。目標と計画をしっかり持って、自律性のある人間に成長したい。

実際に書いてみよう

引き出し1に 伴う短所・弱み	
引き出し2に 伴う短所・弱み	
引き出し3に 伴う短所・弱み	
引き出し4に 伴う短所・弱み	
引き出し5に 伴う短所・弱み	
引き出し6に 伴う短所・弱み	

自己PRの
見本は
コレ!

WORK 14
「自分の短所・弱みを克服した自己PR例」

作成手順

「裏返せば長所となる短所」を紹介し、その短所に伴うエピソードを続ける。このエピソードでは、「大部分では成功したが、厳しく反省すれば至らない点があった」ものを選ぶ。最後に、「短所を克服するための努力」の紹介で締めくくる。

簡易版◎自己PR

手早く具体的な成果を上げたいと思うあまり、やや急ぎ過ぎてしまうことがあります。例えば資格の勉強では、テキストを一通り理解するのは早いほうだと思いますが、抜けている部分もあり、合格したいずれの資格も自己採点ではギリギリでした。この短所を克服するために、ゴールから逆算した計画を立てるよう心掛け、着実さが身に付くよう努力しています。

充実版★自己PR

物事を慎重に進めたいと思うあまり(短所・弱み)、提案が遅れる傾向が私にはあります。例えばサークルで学外展覧会を開きたいと思ったときも、全体会議で提案する前に、まず一人で予算などを調べました。結果として展覧会は実現できたのですが、他のメンバーの協力を仰いでいれば、より速く提案・実現できたと思います。

また、**猪突猛進しがち(短所・弱み)**でもあります。新入生向けの体験会を担当した時も、色々なイベントを詰め込み過ぎた結果、回数を経るごとに参加者が減っていきました。内容を変更することで体験者は呼び戻せたものの、周りが見えていないと実感する出来事でした。

この私の2大短所は、一人で考え一人で実行するという点で共通しています。この短所を克服するためには、もっと周囲と積極的にかかわる必要があると考えます。例えば、**ちょっとした報告や相談も意識的に行うことを心掛けています(短所克服のための努力)**。

WORK 15

力を入れたことに関連する数字を整理しよう

例えば、「先輩から、私も含めて89人のサークルを引き継ぎました。その部員達をまとめると同時に、新人35人の勧誘にも成功。現在は124人の規模に発展させることができました」と、アピールの際に数字を活用すると客観性や説得力が加わり効果的です。ここでは、力を入れたことに関連する数字を整理しましょう。

実際に書いてみよう

項目	数値記入欄
01 友達（先輩、同期、後輩）の人数	
02 アルバイトの経験数・経験年数	
03 成績でのAの数	
04 これまでのアルバイトで稼いだ金額	
05 大学の授業料と自分で払った金額	
06 趣味に関するデータ（旅行回数、経験年数など）	
07 取得した（挑戦中も含む）資格の数	
08 部活・サークルのメンバーの人数	
09 部活・サークルの試合の戦績	

項目		数値記入欄
10	企画したイベントに動員した人数	
11	学園祭の模擬店での売上金額	
12	大学の授業や資格に向けての1日の平均予習時間	
13	アルバイトの週平均勤務時間	
14	部活・サークルの週平均活動時間	
15	ダブルスクールの週平均授業時間	
16	ダブルスクールの授業料、それを自分で稼ぎ、払った金額	
17	留学費用、それを自分で稼ぎ、払った金額	
18	アルバイトで世話をした後輩の人数	
19	アルバイト先の1日当たりの接客数	
20	アルバイト先の1日当たりの売上金額	
21	自分の創意工夫・企画でアップしたアルバイト先の売上金額や来客人数など	
22	これまで最も長く取り組んできたこととその年数	

自己PRの
見本は
コレ!

WORK 15
「数字を生かした自己PR例」

作成手順

大変さや一所懸命さを数字を用いず表現すると、どうしても横並びの印象に成りがちです。簡易版自己PRでは、数字を用いて具体的に表現する文例を紹介します。

簡易版◎自己PR

・アルバイトに力を入れました→週3日、4時間/日のアルバイトに力を入れました。

・成績優秀です→取得単位の82%がA評価以上です。

・留学しました→約100万円をアルバイトで貯金し、短期留学を実現しました。

充実版★自己PR

私は「人や物事を深く知り、その可能性を引き出す」ことに価値を置いて大学生活に取り組んできました。

【強みの発揮】

「本質をとらえる広い視野」「人を巻き込む実行力」——これらの強みは、**部員62人(数字)**の体育会バドミントン部で主将を務めた経験で培いました。当初は練習態度や規則についての意識がまちまちの部でしたので、以下の行動を取りました。

・根気強く部員の意見をくみ上げ、方向性を定める。

・話し合いの活性化や役割や権限の割り振りで部員の主体性を高める。

【成果】

その結果、チームに絆が生まれ、**リーグ5部から3部(数字)**に昇格しました。

【将来ビジョン】

現在の私のビジネス能力は未知数です。しかし根気強い努力を続け、ビジネスにおける広い視野とリーダーシップを身に付け、事業運営のまとめ役として成長していきたいです。

WORK 16 研究やゼミについて整理しよう

ESや履歴書の事例からも分かるように、自己PRや志望動機と同様に必ずといってよいほど記入することになるのが「研究・ゼミ」についてです。必ず必要となるものですから、ここで整理しましょう。

内定者の実例

どのような目的を持った研究なのか? どう役立つものなのか?	・ミネラル代謝に関する研究。 ・高齢者の骨粗鬆(こつそそう)症による骨折などの予防。 ・高齢者が寝たきりに陥ることを防ぐ。 ・健康的な高齢化社会の実現。
興味を持ったきっかけ	・食生活という身近な日常行動で、重大な結果を招く病気を防げる。
選択時どのような想いを持ったか?	・健康で生き生きと人生を楽しめる高齢者を増やしたい。 ・高齢化の進む社会に、この研究で貢献したい。
具体的な取り組み内容	・ラットを6つのグループに分け、比較する。 ・与える餌の種類を変える。 ・90日後に、骨の密度やミネラル吸収量の変化を測定する。
研究・ゼミを通しての成長	・細かい注意力が増している。 ・成果を残したいなど、研究に対する意欲が増している。 ・社会に対する関心が増した。 ・社会に貢献したいなど、意識が高くなった。

実際に書いてみよう

どのような目的を持った 研究なのか? どう役立つものなのか?	
興味を持ったきっかけ	
選択時どのような 想いを持ったか?	
具体的な取り組み内容	
研究・ゼミを通しての成長	

自己PRの
見本は
コレ！

WORK 16
「研究・ゼミを通しての自己PR例」

作成手順

「研究テーマ」を明らかにした後に、「テーマを選んだきっかけ」や「研究テーマの大切さ」を紹介し、「研究に伴うビジョン」で締めくくる。

簡易版◎自己PR

河川の水汚染について研究しています。この分野での日本の技術力は高く、生活排水による河川の生態系への影響を最小限に留めていますが、世界には未整備な国が多いのです。河川は飲み水の供給源となる大切なものです。この日本の技術を広め、人々が安心して水を飲める地球を実現したいです。

充実版★自己PR

ラットを使ってミネラル代謝の研究を行っています。この研究は、**食生活を骨粗鬆症の予防に役立てるものです（研究テーマ）**。現在、骨粗鬆症は高齢者に多発しており、これが原因で日常生活の行動に制限ができてしまい、寝たきりになることも多くあります。しかし、**食生活に少し気を付ければ防げることを授業で学び（選んだきっかけ）**、研究に興味を持ちました。高齢化社会が加速する中、**健康で生き生きと生活できる高齢者が一人でも増えるよう、日々の食生活を通して手軽に取り組める予防を実現したい（研究における想い）**と考えています。

研究の具体的な進め方は以下の通りです。

与える餌の種類によって研究用ラットを6つのグループに分けて飼育し比較します。90日間、同じ餌を与え続けた後に、骨の密度やミネラル吸収量の変化を解剖実験で確認します。次に、最も成果の上がった餌に、他の餌を加え、組み合わせで生成及び吸収効率に変化があるかを確認する予定です（具体的な取り組み）。これまでの研究を通して、細かい作業での注意力が増しています。また、卒業までに成果を上げたいという意欲が日々増しています（研究を通しての成長）。

第2章

ES作成法❶

自己PR完全対策

ここではエントリーシートや自己PRの基礎や作成方法から、充実方法まで、あますことなく紹介していきます。本書のアドバイスに沿って、手順を踏めば、自己PRに盛り込む内容を自然に充実させることができます。

1 エントリーシートの全体像を理解しよう

エントリーシートの基本

エントリーシート（ES）とは、雇用募集を行った企業側が、就職を希望する応募者の中から採用候補者を選定するために行う第1次選考の一つです。応募者は企業から指定されたフォーマットの各項目に記入をして提出します。企業の人事担当者は提出されたESの概観（＝文字・レイアウト）、内容を精査し、応募者をふるいにかけて、続いて行う説明会や面接選考の対象者を絞り込みます。

また、ESは面接時の資料としても使われます。例えば、「このESに書かれているサークルでのことだけど…」などと、ESに書かれた内容に即して質問が行われることもよくあります。

さて、そのES内に設けられた課題内容についてですが、一般的には**「自己PR」「志望動機」「ビジョン」**という3つの柱で構成されています。

ポイント ESの代表的な出題例を知っておこう

- あなたが学生時代に最も力を入れたこと、その内容や成果について（学業・学業以外）
- あなたの長所・短所は何ですか?
- あなたが遭遇した試練・困難・挫折を教えてください
- あなたはリーダーシップを発揮するために最も大切なことは何だと考えますか?
- あなたが希望する仕事（業界、職種）を選んだ理由を記入してください
- あなたは志望企業を絞り込むに当たって、どのような条件を重視しますか?
- あなたが当社でやってみたい（興味がある）仕事は何ですか?　その理由を教えてください
- あなたが学生時代に培った知識経験を生かし当社で将来、何に挑戦したいですか?
- 希望する職種であなたが発揮できる個性や具体的な能力、専門性は何ですか?
- あなたが5年後・10年後に取り組みたいことは何ですか?

応募者の殺到する人気企業ほど、次の選考に進むための合格のハードルは高くなります。また、あえて難題を数多く設定し、**「試しに受験してみたい」といったレベルの志望者を、ESを書く段階でふるいにかけようとする企業もあります。**

基本的にESは、1社分を仕上げるだけでもそれなりの時間を要します。そのため数多く抱え込み過ぎると、すべてのESの質の低下や、提出期限に間に合わないなどの事態を招く恐れがあります。数で勝負するのではなく、本気で志望する企業に絞り込み、取り組むのがベターです。

ポイント

ESの提出方法にはさまざまな形式がある

ESには、ウェブ入力・送信と、手書き・郵送の形式がある。手書き・郵送の場合は、文字やレイアウトの概観も評価される。

ES攻略に必要なもの

ES攻略に必要なものは、白紙状態であるESの質問項目スペースを埋めるためのネタです。このネタには、大きく分けて次の2種類があります。

❶既にあなたの中にあるネタ（＝自分のこれまでの経験）
❷これから増やしていかなければならないネタ（＝仕事や会社に対する知識とビジョン）

つまり、ES攻略では、**「自己PR」作成**のための、あなた自身の経験・考えの整理整頓・掘り下げ**（＝自己分析）**と、“仕事で何をしたいか?”“どんな会社で働きたいか?”“仕事を通して、どのように成長していきたいか?”など、**「志望動機」・「ビジョン」作成のための仕事研究（＝業種・職種・会社研究）**という2つの大きな作業に取り組む必要があるのです。

自己分析・仕事研究の方法も含めて、ES作成能力を本書でアップさせていきましょう。

実際のESの項目を確認しよう

▶ ESの見本 1/2

① エントリーシート (大学卒技術系職用)

［注意］このエントリーシートを提出すると、自由応募扱いとなります（学校推薦との併願はできません）。

② 写真貼付
1. 上半身、正面、脱帽
2. 3ヶ月以内に撮影したもの
3. 写真裏面に氏名・大学名を記入のこと
4. 縦 4cm x 横 3cm

技術	
技術営業	○

※どちらか一方に必ず○をつけてください

＊会社使用欄

③ ＊名字の頭文字をひらがなでご記入ください 例：東電太郎→「と」

専門分野	＊いずれか１つに○をつけて下さい。
	1. 電気・電子　2. 通信　3. 機械
	4. 化学　5. 原子力　6. 土木
	7. 建築　8. 情報　⑨その他

ふりがな 氏名		生年月日	西暦　年　月　日生（満　歳）
		④ 卒業高等学校	私　立　　高等学校
大学名	大学　理工　学部		年　3月　卒用・(卒業見込) ＊該当するものに○をつけて下さい。
大学院名	大学院	研究科 専攻	修士課程・博士課程 年　月　修了・修了見込 ＊該当するものに○をつけて下さい。

⑤ 現住所	〒 電話（　）ー　携帯電話 メールアドレス　@
上記で連絡が取れない場合の連絡先	〒　電話（　）ー
⑥ 志望する部門 ＊【技術】を選択した方のみ、該当するものに○をつけてください。複数回答可。	1. 火力発電　2. 原子力発電　3. 水力発電　4. 架空送電　5. 地中送電 6. 変電　7. 配電　8. 系統運用　9. 通信　10. 土木　11. 建築 12. システム企画　13. その他（　）
⑦ 卒（修・博）論のテーマと概要 ＊まだ決まっていない方は、取り組みたいと考えているテーマと概要を記入して下さい。	テーマ　セレン含有廃水のFe(Ⅲ)またはAl(Ⅲ)塩による共沈処理 概要　Se(Ⅵ)廃水に対し、還元することなく共沈処理することを試み、定量的関係を明らかにすると共に、処理メカニズムを解明する。 指導教授
⑧ クラブ活動 【スポーツ・文化活動等】	活躍状況・役職・戦績等 地元のテニスクラブに所属。県大会出場。
⑨ 資格・TOEIC 特技・趣味など	趣味：スポーツ，スポーツ観戦 特技：テニス

⑩ 当社で実現したい夢・チャレンジしたいこと

私は、高校時代に環境問題に興味を持ち、現在の学科へ進みました。そこで、環境、資源枯渇問題は深刻であると再認識し、「環境保全分野で社会に貢献できる企業で働きたい」という思いを持ち、就職活動してまいりました。その中で、御社の環境理念の中の「環境問題の解決に積極的に取り組む」という言葉に共感し、御社を志望しました。なので御社で、環境問題を解決するのが私の夢です。また、そのために技術営業として環境にやさしいエネルギーの提供を推進することにチャレンジしたいと思います。

※ご記入いただいたご住所、お名前、ご連絡先等は厳重な管理のもと、当社からの事務連絡の目的にのみ利用させていただきます。

掲載しているのは実際に企業に提出されたESです。こちらの内容を元に、記入欄の説明をします。

① 企業からの注意事項

ESは隅から隅まで目を通した上で取り組みましょう。応募における注意点などが記載されている場合も多いので、見落としてはいけません。

② 写真

写真の大きさなどの指示を守りましょう。指示がなくても、写真がはがれた時のことを考え、写真裏面には学校名・学部・名前（フルネーム）を記入するのが基本です。また、この写真があなたの第一印象となるので、可能であればリクルートスーツを着用し、プロのカメラマンがいる写真館などでアドバイスを受けながら撮りましょう。

③ 志望職種

明確な志望職種を持った応募者を求めていることが分かります。この場合は「どちらか一方」と指示されているので、その指示に従いましょう（両方選択は不可）。たとえ「志望が固まっていない方は空欄のまま」という指示があったとしても、何かを選択した上で提出しましょう。志望内容に曖昧なものがあるという印象を与えてはなりません。

④ 出身校

出身高校は「東京都立」「○○府立」「○○県立」「私立」などから書き始め、省略せずに正式名称を記入しましょう。

⑤ 連絡先

現住所は、必ず都道府県名から記入しましょう。メールアドレスはアルファベットの「O（オー）」と数字の「0（ゼロ）」、「i（アイ）」と「1（イチ）」の間違いが起きないように注意が必要です。また、長期の休みなどで、選考期間内に連絡が取りづらい状況が予想される場合には、「上記で連絡が取れない場合の連絡先」の欄に実家や親類の住所・電話番号を記載しておきましょう。

⑥ 志望部門

企業は明確な志望部門がある人を求めています。「その他」の欄に記入する場合も、この企業の組織図を確認し、この企業で使われている部署名を記入しましょう。また、志望職種と矛盾のないように注意しましょう。この場合は「技術を選択した方のみ記入」という指示があるので、技術営業を志望した人は記入してはいけません。このような指示をきちんと守れているかという点も、採用担当者にとっては大きな評価材料となります。気を付けましょう。

⑦ 卒論のテーマと概要

卒論のテーマと概要は、全体像が分かるように研究の目的を明確にした上で記入しましょう。決まっていない場合は、「取り組もうと考えているもの」を記入しましょう。指示がない場合も、「予定しているもの」を記入することが基本の対応です。また、技術系志望の場合はこの欄が空欄なのは大きなマイナス評価の要因となるので注意しましょう。

⑧ クラブ活動

現在所属しているところがなくても、これまでの大学生活の中で所属したものがあれば記入しましょう。また、学外のクラブ活動なども記入して大丈夫です。

⑨ 特技・資格など

資格・語学・特技・趣味欄も空欄ではダメです。勉強中の資格は「○月の受験を目標に勉強中」と記入しましょう。全くない場合は特技・趣味として「早起き」「読書」などでも構わないので、何か記入しましょう。

⑩ 志望動機

ES内で重要項目の一つである「志望動機」（詳しくはP.148〜で解説）についての記入欄です。枠の大きさからも、会社がこの項目を選考の判断材料として重視していることが分かります。会社資料をよく読み、何に取り組みたいかを、その企業の実情に沿って記述しましょう。この企業の場合は「実現したい夢・チャレンジしたいこと」なので、将来に視点を合わせた大きな志を記述したいところです。実例者は「環境問題の解決」という大きな志を示しています。ただし、環境問題の解決という一言だけでは漠然としていますので、太陽光発電・地熱発電など、現在の経済・社会状況を考慮した最新のトピックスを加えるなど、より具体的に書く努力の余地があります。

その他の注意点

1. ES作成に当たっては、課題タイトルだけでなく、注意事項なども含めて企業が指定していることを、一通りきちんと読んでから取り組もう。
2. 送信・提出前に、すべてスクリーンショットやコピーをしておき、面接前日、直前の待機時間に作成した内容を再確認できるようにしておこう。また、「後輩に指示した」が「後輩に支持した」のように誤変換されていないかの確認も必要。
3. 各課題の文字数制限を守ったうえで、9割以上の文字数となる内容を目指そう。
4. 「私」「です、ます」が基本（男性の場合でも「僕」は不可）。また「コンビニ」「店名」など、普段使っている省略した言葉を入力してしまわないように気を付けよう。
5. 提出期限は絶対厳守。期限が複数ある場合は、可能であれば、第1回期限までに提出しよう。志望度が高く、早くから志望企業の動きにアンテナを立てていたことをアピールできます。
6. 手書きの場合には、以下のことにも気をつけよう。

・基本的には黒色の万年筆・ボールペンでくっきりと書こう。場合によっては、多色使用が許されていることもある。

・下書きを行った上で清書しよう。下書きの段階で誤字脱字がないか、国語辞典などでチェックしよう。

・苦労して書いた内容も字が雑だと印象が悪くなる。丁寧に書くことを意識しよう。

・記入欄の枠の大きさに対して、読みやすい文字のバランスを考えて書くことが大切。また、スペースに対して8割以上の内容を作成しよう。見本のように9割以上埋めるのが理想。もしも、空白スペースが半分以上だと、志望度は高くないと評価されてしまうことも。

memo

▼ESの見本 2／2

○あなたが学生時代、高い目標に向かって挑戦したことは何ですか。挑戦しようと思った理由、目標達成に向けて考えたこと、実現のためにとった行動を具体的に教えてください。

私は、テニスを10年間続けています。大学では、テニスサークルに入ろうと思っていたのですが、それをやめて年齢制限のない一般の大会に挑戦しようと思いました。なぜなら相手を大学生に限定することなく、様々なタイプの人と試合をして、自分を成長させたかったからです。そこで、一般の大会について調べたところ、市の大会が毎年一回あり、そこで活躍すれば、市の代表として県大会に出られることがわかりました。私は、この大会に出場することを、大学時代の目標としました。そのためにまず、地元のテニスサークルに所属することにしました。そこには、幅広い年齢層の人がいて、私が求める様々なタイプの人とテニスをできる環境がありました。そこで、せっかくの環境を無駄にしないように、こちらから積極的に話しかけて、様々な人と練習させていただくようにしました。その中で、一番感じたことは、社会人の方々は学生より球威はないもののミスが圧倒的に少ないということでした。最初は私のミスで負けてしまう試合がほとんどでしたが、その原因を考え練習することで、ミスを減らそうと考えました。その結果、今年ついに目標であった県大会に出場することができました。この経験から、考え、努力を続けることにより自分を成長させることができるという自信を得ることができました。

②　①動機　①目標　①具体的な行動　③　①結果・成果　①プロセスで考えたこと

○自分とタイプや特徴の異なる人と協調して、何かを成し遂げた経験について、具体例を挙げて教えてください。

私は高校時代テニス部の部長をしていました。部活には指導者がおらず、部長である私が、部活の運営や後輩の指導を任されていました。1年生50名ほどいる部活をまとめるのはとても大変でした。そこで、先輩たちの代より幹部の数を増やしそれぞれの仕事内容を細かくしました。また、後輩にも次期幹部という形で幹部とともに仕事をしてもらいました。そうすることによって、私たちも部活を運営しやすくなりましたし、後輩たちとの意思疎通もはかれるようになりました。幹部はかなりの頻度で会議をし、みなで意見を出し合い、話し合い、部活をよりよいものにするためのルールや練習内容を考え続けました。また、月に1回は全体で会議をし、それらの定着を促進しました。このような試みを続けることによって、部員の中にあったギャップが徐々に埋まっていき、部活が有意義なものに変わっていくのを実感できました。最終的には、県大会ベスト8まで進むことができ、目標としていた成績を収めることもできました。最後の大会が終わった時、部長が私でよかった、と部員たちが言ってくれた時は、非常にうれしかったです。

②　④　③　⑤

(注) 自筆でご記入下さい。　【提出締切日】　(一回目)　年　月　日(　)　当日消印有効

(二回目)　年　月　日(　)　当日消印有効

※資源の有効利用のため、再生紙を利用しております。

掲載しているのは「ESの見本　1／2」に続く、実際のESです。このシートの記入内容は「自己PR」（詳しくはP.108～で解説）であり、「志望動機」と並ぶ、ESを構成する重要な要素です。このES内に記載された内容を元に、「自己PR」とはどのようなものなのかの全体像について説明します。

① 自己PRの記入要素

課題の切り口は、企業によってさまざまですが、「目標・挑戦とその動機」「プロセスで考えたこと」「目標達成のための具体的な行動」「結果」が自己PRを記述する上での主要な要素となります。この課題では指定されていませんが、「挑戦結果・成果」を加えることを忘れてはいけません。

② 具体的な記述を心掛ける

具体的な内容を心掛けましょう。例のように、「10年間」「1年生50名」と数字を用いると、こだわりや大変さが具体的に伝わります。また、実際に掛けられた言葉なども盛り込むと、読み手の頭にシーンが浮かびやすくなります。

③ 人間性を紹介する

単に取り組んだことの過程や結果の説明だけでなく、この経験を通しての人間的成長を紹介し、自分の人間性をアピールしましょう。例の場合は、「さまざまな年齢層の人に積極的に話し掛けた」「非常にうれしかった」などの記述を通して紹介しています。

④ レイアウトを意識する

読みやすいレイアウトで記述することも意識しましょう。見本の場合なら、「そこで先輩たちの代より幹部の～有意義なものに変わっていくのを実感できました」の部分を、右のように箇条書きに改善できるでしょう。

※Web入力の場合は改行できないことがあります。

そこで、以下のような対策を行いました。
1. 仕事を細分化し、担当する幹部の数を増やす
2. 次期幹部候補として後輩を幹部に積極登用する
3. 幹部会議の頻度を増やす
4. 月に1回は全体会議を行う
この結果、後輩たちとの意思疎通も図れるようになり…

⑤ 大学時代を紹介する

企業が知りたいのは、現在のあなたです。極力、大学時代のエピソードを取り上げましょう。例の場合ならば、この内容を2/3に圧縮した上で、「大学ではこの経験をアルバイトのメンバーマネジメントに役立てました。具体的には…」とつなげていきたいところです。

次項からは、「自己PR」の作成に必要な準備と記述方法を具体的に説明します。

2 自己PRが充実する「ツボ」を理解しよう

自己PRの基本は「自己分析」にあり

ESにおける**「自己PR」は、時間をかけて面接を行う価値のある人かどうかを見極めるために設定**されています。企業に面接の価値があると判断してもらうには、「入社後、同僚との間にプラス作用を生み出しながら、会社組織を活性化させてくれそうだ」との印象を与える必要があります。

よって、課題にはさまざまな切り口がありますが、突き詰めると以下の3点を自己PRに盛り込むことが必要になります。

❶熱意というエネルギーを持って日々を送っていること
❷困難から逃げず、自立的に問題解決できること・解決しようと努力できること
❸経験を通して着々と成長していて、これからも成長できること

つまり、**現在と、そして将来に向かって、前向きに生きているあなた自身のことを企業に紹介（自己PR）すれば良いのです**。「この人は入社後も生き生きと働いて伸びてくれそうな人だな」と、ESを読む採用担当者にイメージさせることができれば、自己PRは大成功なのです。

文章作成は簡単なメモから始めよう

実際のESシートを前にして、文章作成にとまどいや苦手意識を感じる人もいるかもしれません。しかし、シート上の課題や各設問への回答は、コツさえ押さえれば、簡単に作成できるものなのです。

最もやってはいけないことは、下準備もないままにいきなり文章作成に取り掛かることです。頭に浮かぶままに書き進めた場合、納得できる文章が一度で作成できることはほとんどありません。多くは作成の途中で文章の流れがうまくいかなくなったり、文章が完成しても、もっと別の内容が良く思えて一から書き直すことを繰り返す悪循環に陥りがちです。結果としてESそのものを書くことが嫌になったり、期限に間に合わず提出を断念する人が増えてしまうのです。

それを避けるために必要な作業が文章作りのネタを揃える「自己分析」という作業になります。「自己分析」をしっかりと行い、まずは自己PRのためのネタとなるものを充実させることが大切なのです。早速、自己分析の方法を説明していきましょう。

自己分析=自己PRネタの整理をしよう

あなたの自己PRネタの整理に取り組みましょう。この整理に必要となるのが「自己分析」です。**自己分析は、まず自分自身が「ネタ（=経験や考え、ビジョン）のたくさん詰まった大きなタンス」であるとイメージすることから始めます**。そのタンスは未整理な状態で、あなた自身も中身のすべてを把握できていません。そのため、ES作成に必要なネタを引っ張り出す作業にてこずり、時間がかかってしまうのです。それどころか最悪の場合、ネタが埋もれてしまって、本来使えるはずのものを取り出し忘れているかもしれません。ですから一度、自分のタンスの中身を整理整頓して「この課題ならば、この引き出しの中にあるネタ」という具合に、すぐに取り出せる状態を目指すのです。

実は、第1章の16種のWORKを通して、あなたは自己分析をほぼ終えているのです。WORKに残したメモこそが、自己分析で整理整頓された結果なのです。その内容を改めて確認し、今後の自己PR作成に役立ててください。

基礎の基礎、自己PR文をゼロから作る方法

この項では、皆さんと一緒に自己PR文をゼロから作成していきたいと思います。プレエントリーに必要なレベルの文章が、6つの簡単なSTEPを踏むだけで作成できるので文章作成が苦手な人でも大丈夫! **この作業を通して、自己PR作成で重要なのは文才よりも、メモをする作業であることが実感できるでしょう。**

前述したように、P.50から続く16種のWORKを通して、あなたに必要なメモはすでに揃っているはずです。あとは、各STEPに従って、そのメモを当てはめてゆけば良いのです。それでは、さっそく自己PRの作成作業に取り掛かりましょう。

STEP 1 課題に対しての「結論」をメモしよう

社会人におけるビジネス文書に位置付けられるESの記述内容は、結論先行が鉄則です。結論を冒頭で明確にしましょう。

例

課題	第一にメモすること＝結論	メモから作成される文章
1. あなたの**長所・特徴について**書いてください	積極性	**私**の長所は積極性**です。**
2. あなたが**学生時代に力を入れたこと**を書いてください	英語の勉強	**私**が学生時代に力を入れたのは英語の勉強**です。**
3. あなたが**大学時代に成長できたこと**を書いてください	計画性、その日からすぐに取り組む行動姿勢	**私**が大学時代に成長できたことは、きちんと計画を立てて、その日のうちから取り組むようになったこと**です。**

この段階で最初に行う作業は、課題に対する自分の結論をまとめることです。文章は、読んですぐ理解できないと当然、マイナス評価を下されます。ESの文章作成では、結論先行を意識しましょう。そうすることで読み手となる採用担当者が、あなたの文章内容を理解しやすくなります。

また、結論を先に書くことで、自分自身も要点が明確になり、内容の一貫した文章を書きやすくなります。自分らしい文章を書くのに慣れるまでは、自分のことは「私」で表現し、語尾は「です・ます」で統一して、書き込みましょう。

STEP1ができたら、その内容に次の手順で肉付けしていきます。骨格となるメモをまとめているうちに、自己PRができ上がっていくはずです。

STEP 2 結論とセットとなる「行動」をメモしよう

結論が決まりメモとして書き出された時、その結論とセットになる行動が存在するはずです。その行動をメモしましょう。

例

自分に質問する	思い出す	ネタを文章にすると…
1. 私が積極性を発揮したのは、何だっけ?	学園祭では積極的にメンバーと協力して頑張ったなぁ。	**特に積極性を発揮して取り組んだのは**学園祭です。
2. 英語の勉強では、どう頑張ったかな?	大学の往復の電車の中でよく勉強したなぁ。	**特に意識して取り組んだことは、**大学の往復の時間を有効に使おうと、電車の移動時間を勉強の時間に利用したことです。
3. 計画を立てて、その日のうちから取り組むようになったことといえば?	授業やゼミのレポート課題には特にこの姿勢で取り組んだなぁ。	**特にこの姿勢で取り組んだのは、**授業やゼミのレポート課題です。

長所、特徴、力を入れたこと、成長できたことなどの課題に当てはまる、あなたの行動は一つではありません。そこで**「特に」の一言を用いて、「他にもありますが、特にこの一つに絞って記述します」という気持ちを採用担当者に伝えましょう。**

STEP 3 取り組んだ理由、目標、心掛けたこと＝「心の動き」をメモしよう

行動には、必ず、あなたの心の動きがセットになっているはずです。この心の動きを、「取り組んだ理由」「目標」「心掛けたこと」の３点を切り口にしてメモしましょう。心の中の動きは、自分の人間性をアピールしていく上で重要な要素。特に前向きで、向上心に溢れたまじめな心の動きをメモしましょう。

例 自分に質問する	取り組んだ理由、目標、心掛けたことを思い出す	ネタを文章にすると…
1. 学園祭では、何を考えたかな?	前年よりも売り上げをアップして成功させたい。	前年よりも売り上げをアップさせることを**目標に頑張りました。**
2. 英語の勉強では、何を考えたかな?	これからの時代は外国語、特に英語を使えることが必要と考えたので、英語に力を入れようと思った。	英語に力を入れようと考えた**理由は、**これからの時代は、日本語だけでなく英語も使えるようになる**必要があると考えたからです。**
3. 計画性を意識した時、何を考えたかな?	社会人になるには、いつも期限ギリギリで慌てている自分を変えなくてはならないと思った。	計画性を意識して取り組んだ**理由**は、何事も余裕を持って、きちんと取り組める自分に**なろうと考えたからです。**

＊太字の部分を、あなたのネタと組み合わせてみましょう。メモが文章に近付きます。

心の中の動きを伝えることは、自分の人柄・内面を伝えることであり、自分という人間をイメージしてもらうための重要な要素なのです。

アピールしたい行動に関して、「動機（なぜ?）」「目標（何のために?）」「心掛け（どのように?）」をしっかりと表現することで、採用担当者は初めてあなたの人柄・内面を理解する糸口がつかめるのです。

STEP 4 行動の「結果」をメモしよう

仕事では、プロセスももちろん重視されますが、やはり結果に重きが置かれます。そこで、仕事を意識して提出するESでは、結果を示すことを心掛けましょう。また、結果を数字で示すと分かりやすさにつながり、採用担当者に印象付ける秘訣となります。

例

	結果は?（思い出す）
1. 学園祭	**その結果、**去年の2倍の売り上げを達成することができました。
2. 英語	**その結果、**500点だった入学時のTOEICのスコアが、600点にアップしました。
3. 計画性	**その結果、**文献をしっかりと読む時間や、見直して書き直す時間がたっぷり取れるようになり、自分なりに納得のいくレポートを提出することができています。（満足感）

華々しい結果を示せないと感じる人は、どうすればよいでしょう。結果とは、数字や形で示せるものもあれば、人間的成長という形で示せるものもあります。よって、**人間性の成長、心の中の自信、満足感といったものも結果ととらえましょう。**それは立派な結果であり、将来の可能性を重視する企業は十分に評価してくれます。

STEP 5 現在進行形で締めくくる

著者が、多くの学生の自己PRを読んできた中で、学生のアピール文の99%は「達成できました」「頑張りました」と過去形で締めくくられているということが判明しました。これは、「頑張ったことを教えてください」と、課題の問い掛けが過去形になっているためでしょう。

しかし、**過去に頑張っても、今、頑張っていなければ、企業が望む人材とはいえません。**そこで、過去の結果に終始しない希少な1%として採用担当者の印象に残るためにも、より求める人材であることをアピールするためにも、「現在進行形」で自己PRを作成し、他の学生に差を付けましょう。

例

	現在進行形で頑張っていることは?（現在をメモする）
1. 学園祭	私は、この学園祭の結果で自信が付き、アルバイトにもより積極的に取り組むようになり、自ら申し出て**現在は**新人の教育係を担当**しています。**
2. 英語	**現在は**700点を目標に、日々頑張って**います。**
3. 計画性	**最近では**文献を読むことに加え、分からない点を教授に質問し、より内容の濃いレポートとなるよう努力を**続けています。**

たとえ今、現在進行形のものがなくても心配する必要はありません。ES提出期限にも面接にも、まだ時間があるのです。例えば明日から書店で資格のテキストを購入して読み始めて、ゼミでリーダーシップを意識して行動していけば、ES提出日には立派に現在進行形でアピールできるあなたになっていることでしょう。

STEP 6 メモをつなぎ合わせ文章にしよう

STEP1からSTEP5までの内容を順番にまとめると、次のような文章になります。結論から締めくくりまで、一つの筋の通った文章になっていることが分かることでしょう。

課題1に対する例文

私の長所は積極性です。特に積極性を発揮して取り組んだのは学園祭です。去年よりも売り上げをアップさせることを目標にして頑張りました。その結果、去年の2倍の売り上げを達成することができました。私はこの学園祭の結果で自信が付き、アルバイトにもより積極的に取り組むようになり、現在は新人の教育係を自ら申し出て頑張っています。**（158字）**

課題2に対する例文

私が学生時代に力を入れたのは英語の勉強です。特に意識して取り組んだことは、大学の往復の時間を有効に使おうと、電車の移動の時間を勉強の時間に利用したことです。英語に力を入れようと志した理由は、これからの時代は日本語だけでなく、英語も使えるようになる必要があると考えたからです。その結果、入学時に500点だったTOEICのスコアを、前回のテストでは600点にアップすることができました。現在は700点を目標に、日々頑張っています。**(213字)**

課題3に対する例文

私が大学時代に成長できたことは、きちんと計画を立てて、その日のうちから取り組むようになったことです。特にこの姿勢で取り組んだのは、授業やゼミのレポート課題です。計画性を意識して取り組んだ理由は、何事も余裕を持って、きちんと取り組める自分になろうと考えたからです。その結果、文献をしっかりと読む時間や、見直して書き直す時間がたっぷりと取れるようになり、自分なりに納得のいくレポートを提出することができています。最近では文献を読むことばかりに時間を割くのではなく、分からない点は教授に質問し、より内容の濃いレポートとなるよう努力を続けています。**(270字)**

文章量は、メモを増やして対応する

これまでのメモを結合させることで自己PRが作成されました。しかし、3つの例文の中で最も文字数の多い課題3の「大学時代に成長できたこと」の例文でも270字です。400字で記入するESなら文字数不足で書き直しです。ただし、ここですべてを消して一から書き直すのでは、時間が無駄になるばかりか、作業自体が嫌になってしまいます。

いきなり文章作りに取り組むのではなく、メモを増やして、おおよその内容をイメージしながら、組み立ててみることが大切です。

そこで、最も文字数の少ない課題1の「長所・特徴について」の例文を参考に、ネタメモを増減させることで文字量を調整する方法を覚えましょう。実際のES文章化の作業では、パソコンのワードなどにイメージした文章を入力し、文字数カウント機能を使いながら調整しましょう。

メモを結合させ、規定字数に収める

自己分析にしっかりと取り組んだあなたはネタが豊富なので、ここで、文字数800字の自己PR作りに挑戦してみましょう。

理由は、文章は追加して作成し直すよりも、削りながら作成し直すほうが簡単だからです。800字といえば、ほとんどのESや履歴書の自己紹介欄に対応できるボリュームです。ワープロソフトで入力し保存しておけば、記入スペースの異なる各社の自己紹介欄にも、削りながら対応でき、後々の作業が楽になります。

学園祭を振り返り、更に思い出したことをメモした例

- みんなと昨年の反省点を話し合った。
- 昨年は途中で材料が足りなくなったことが明らかに。食材の量を増やすことにした。
- 当日より50円安い前売り券を作り、学園祭前にできるだけ売り上げを確保するよう努力した。
- 前売り券は、特にサークルに所属していない友人に向けて販売するようにした。
- 学園祭当日も努力。自分はチラシを作り積極的に呼び込みを行った。
- 後輩にもチラシ配りを指示した。

・後輩に指示する手前、自分が率先してチラシを配ろうと考えた。
・正直、人前で大きな声を出すのは恥ずかしかった。
・後輩に感謝されたり、友人にほめられたりしたのがうれしかった。
・学園祭に参加してみて、準備段階からしっかり考え一生懸命働けば、自分も好結果が出せることが分かり、大きな自信になった。

上記のネタをつなぎ合わせて、文章を作成します。

800字バージョン

私の長所は積極性であり、特に発揮して取り組んだのは学園祭です。去年よりも売り上げをアップさせることを目標にして頑張りました。

この目標実現のために、まず全員で昨年の学園祭の反省会を開きました。反省会を通して、昨年は食材が足りなくなる事態が発生し売り上げ増のチャンスを逃していたことが明らかになり、今回は昨年の2倍の食材を用意し、また、常に食材の量をチェックする担当を決め、足りなくなりそうになった時には早めに買いに行くことを確認し合いました。

また、当日券よりも50円安い前売り券を作り、特にサークルに所属していない友人に販売するよう努めました。全サークル員で取り組んだ結果、約70人に販売することができました。

更に当日はチラシを配布し、お客様の呼び込みも頑張りました。チラシ配りの指示に当たっては、まず私自身が実演して見せました。これまで私は大きな声で呼び込みを行ったことはなく、正直、恥ずかしいという気持ちもありましたが、私がやって見せることが大切と考え、ドキドキしながらも大きな声と笑顔で頑張りました。加えて、後輩一人一人にチラシを配布する場所を指示した後は、順番にその場所を回り、恥ずかしがっている後輩に対してはしかるのではなく、一緒に並んで呼び込みを行いました。学園祭は一緒に楽しく、が基本と考えたからです。何人かの後輩からは「先輩のおかげで頑張ることができました」と、また同期からは「あなたにあんな度胸があるとは思わなかった。一番、貢献してくれた」と褒められたのがうれしかったです。

この結果、去年の2倍以上の売り上げを達成することができましたが、この経験を通して、準備段階からしっかりと考えて、一生懸命働けば結果がついてくることが分かり、今後仕事をしていく上での大きな自信になりました。

現在は、この自信を糧としてアルバイトにも積極的に取り組み、新人教育係を自ら申し出て頑張っています。**（約800字）**

このように、ネタがあれば充実した自己PRが作成できるのです。文才に恵まれているか否かという問題ではなく、**自己分析を行い、自分をしっかりと振り返り、豊富なネタを整理できているかどうかの問題**なのだということが分かります。

次に、枠内のスペースや字数制限の指示に沿うために、アピールしたいネタを残し、400字に削った例を以下に示します。文字数調整の作業は、ワープロソフトなどで行えば非常に簡単です。字数制限を超えてまで熱意を示そうと考えてはいけません。ルールの範囲内で行動するのが社会人としての基本だからです。

400字バージョン

私の長所は積極性であり、その長所を特に発揮して取り組んだのは学園祭です。去年よりも売り上げアップを目標に頑張りました。

この目標実現のために反省会を行った結果、昨年は食材が足りなくなる事態が発生し、チャンスを逃していたことが明らかになりました。今回は昨年の2倍の食材を用意することと、残量をチェックする担当を決めました。

他にも、お客様の呼び込みを頑張りました。正直、恥ずかしいという思いもありましたが、ドキドキしながらも頑張りました。学園祭が終わった後、「あんな度胸があるとは思わなかった」と驚かれたのがうれしかったです。

この結果、去年の2倍以上の売り上げを達成しました。準備段階からしっかりと考え、一生懸命働けば結果がついてくることが分かり、今後仕事をしていく上での大きな自信となりました。

現在は、この自信を糧にアルバイトにも積極的に取り組み、新人の教育係を自ら申し出て頑張っています。**（約400字）**

基本自己PR作成ワークシート

このワークシートを元に、あなたの自己PRの基本形を作成しましょう。

STEP 1 課題に対しての「結論」をメモしよう

課題	第一にメモすること＝結論	メモから作成される文章
1. あなたの**長所・特徴について**書いてください		**私の** **です。**
2. あなたが**学生時代に力を入れたこと**を書いてください		**私が** **です。**
3. あなたが**大学時代に成長できたこと**を書いてください		**私が** **です。**

STEP 2 結論とセットとなる「行動」をメモしよう

自分に質問する	思い出す	ネタを文章にすると…
1. 私が長所・特徴を発揮したのは、何だっけ?		**特に**
2. 力を入れたことに、どう頑張ったっけ?		**特に**
3. ○○の成長に、特につながった行動は何だっけ?		**特に**

STEP 3 取り組んだ理由、目標、心掛けたこと＝「心の動き」をメモしよう

自分に質問する	取り組んだ理由、目標、心掛けたことを思い出す	ネタを文章にすると…
「1」の行動では、何を考えたかな?		
「2」の行動では、何を考えたかな?		
「3」の行動では、何を考えたかな?		

STEP 4 行動の「結果」をメモしよう

自分に質問する	結果は?（思い出す）
「1」の結果は?	**その結果、**
「2」の結果は?	**その結果、**
「3」の結果は?	**その結果、**

STEP 5 現在進行形で締めくくる

自分に質問する	現在進行形で頑張っていることは？（現在をメモする）
「1」に関連し、現在進行形で頑張っていることは?	**頑張っています。（続けています、挑戦しています）**
「2」に関連し、現在進行形で頑張っていることは?	**頑張っています。（続けています、挑戦しています）**
「3」に関連し、現在進行形で頑張っていることは?	**頑張っています。（続けています、挑戦しています）**

STEP 6 メモをつなぎ合わせ文章にしよう

PC等で作成し、満足度が低くとも保存しておこう!

基本形の作成に慣れてきた人は

3 自己PRをレベルアップしよう

キーワードは「ドラマチックに演出しよう」

「主人公の太郎は、何をやってもうまくいく。ある日、参加したパーティーで出会った花子に太郎は一目ぼれ。幸運に恵まれた太郎は花子とも波風なく心が通じ合い、パーティー終了時には恋が成就したとさ。あー、ハッピーエンド！」

さて、あなたはこんなドラマをワクワクして見るでしょうか？　ドラマの面白さは、最後にハッピーエンドになると分かっていても、そこまでのプロセスでハラハラ、ドキドキさせられることにあります。また、主人公だけでなく、多彩なわき役が存在していることも面白さの一つです。

そこで、ESでもドラマを参考にして、**自己PRをドラマチックに仕上げていきましょう。**あなたが、独りぼっちで、ひたすら眠り続けるような学生生活を送っていない限り、必ずドラマチックにできるネタはあるはずで、これまで行ってきた自己分析を通して、それを用意できているのです。

ES内の自己PR部分となる「学生時代に頑張ったこと」の課題で記入される内容は、まさに一人一人の学生のドラマです。そのESを読む採用担当者の楽しみは、まさに見も知らぬ学生のドラマに触れられること。採用担当者をワクワクさせるぐらいの内容を作れるようにしましょう。

ドラマチック化の構成要素❶

失敗談・壁・挫折・苦悩

充実した学生生活に必須の要素といえば、失敗・挫折といった人生の困難です。なぜなら、困難を乗り越えたところに成長があり、「成長＝学生生活の充実」だからです。また、困難を乗り越える力は、入社後の飛躍の可能性にもつながる、と企業は考えています。まずは次の2つの例文を比較してみましょう。

例文A

私の長所は責任感であり、この責任感が認められ、現在はアルバイト先の時間帯責任者を任されています。

例文B

「やっていけるかと不安を感じているね。でも、心配しなくていいからね」

私が初めて経験したアルバイトの記念すべき1日目が終わった瞬間に店長からかけられた言葉です。そんな私も、今では時間帯責任者を任されるまでになりました。

2つの例文を読んでみると、たった1～2行の違いで、内容も印象もずいぶんと変わってくることに気が付くはずです。例文Bのように、**過去の失敗談や、壁にぶつかった自分を上手に盛り込み、現在の普通の自分のアピール力を飛躍的に高めましょう。**

また、Bの店長の一言があるからこそ、印象に残ることにも注目です。そこで、同じ主旨の内容であれば、インパクトのある文章となるように、少々、表現を変えて書くことにも知恵を絞ってみましょう。例えば、実際は「初日なんてこんなものだよ」という普通の言葉をかけられていたとしても、当時の心情を思い出しながら、Bのように表現し直してみるのです。

ドラマチック化の構成要素❷

努力・創意工夫

企業が「指示待ち型」「マニュアル型」人材を求めていないことは、ご承知の通りです。では、「指示待ち型」「マニュアル型」でない人とは、どんな人材なのでしょうか。簡単に言うと、**自分で、考えて行動を起こしていける人のことです。**

そこで、企業の求める人材像にマッチした自分であることを印象付けるために、「努力・創意工夫」という切り口を盛り込みましょう。これまでの自己分析の内容で、失敗談や挫折エピソードを元にした努力や創意工夫のネタは豊富に用意できているはずです。その中から使えるネタをメモしていき、それを自己PRに盛り込んでいくことで、自ら動ける人材であることをアピールできます。

● 努力・創意工夫を盛り込むためのメモの例

○困難にぶちあたった自分を振り返ってのメモ

【店長に心配をかけてしまった自分の具体的反省点】

・注文を間違えた（理由：メニューが頭に入っていない）。

・お客様にすぐ謝罪できなかった（お客様に対しての言葉遣いが不慣れ）。

・どう動けばよいかのイメージができていない。

【反省後の対処】

・翌日、店長に直接謝罪し、もう一度チャンスを求める。

・他の人の動きや言葉遣いを観察し、メモする。

・メニューを1部もらい、帰宅後、料理名と価格をすべて暗記する。

・自宅で先輩の言葉遣いを何度もまねて、声に出してみる。

○仕事場の環境に慣れてからの創意工夫や努力を振り返ってのメモ

・雨の日は、お客様の傘をすぐに預かり、ビニール袋に入れて差し上げる。

・手すきの時は洗い場を積極的に手伝い、スタッフとのコミュニケーションを深める。

・最寄り駅で配布されているフリーペーパーに載せる広告を作成し、店長に提案する。

ドラマチック化の構成要素❸

出会い

「出会い」もドラマチック化の重要な要素です。

この出会いを通して、あなたが「人とコミュニケーションを取れる」ことを印象付けましょう。また、特にあなたに成長の糧を与えてくれた人の、あなたが見習おうと思った行動シーンやあなたへのアドバイスの言葉を加えることによって、**「人から学ぶ姿勢を備えた自分」「人々から気にかけてもらえる自分・おのずと周りが助けたくなるような自分」を採用担当者に印象付けることができます。**

この人物像が伝わってきた時、「この人なら、入社後、周囲の先輩や上司からアドバイスを受けつつ、見守られながら成長できるだろう」と採用担当者は安心し、合格させようと考えるのです。

● 出会いを振り返ってのメモの例

○山田先輩の心に残る一言

・「お客様が何を求めているかを感じようと心掛けることが接客の仕事」

○店長の印象的な行動

・指示がとても具体的だった。また、提案に対しては、必ず検討してくれた。却下された時も、その理由を明確に教えてくれた。こういう姿がリーダーシップだと思った。

ドラマチック化の構成要素❹

成功・認められる喜び

「自分は普通の学生だから…」と自信なさげに面接を受ける人が多く見受けられます。しかし、「普通」ということは、それほど価値が低いのでしょうか。筆者は普通のレベルであることは、素晴らしいことだと思っています。

なぜ今のあなたが普通の学生かといえば、入学当初は未熟だったあなたが、失敗や挫折を味わうたびに努力や工夫でそれを乗り越え、成功や認められる喜びを味わいながら自信を付け、成長してきたからです。**成長してきたからこそ、今、未熟ではなく、普通の学生としていられるのです。**

他の学生と自分を比較するのではなく、**未熟だった時の自分と今の自分を比較して、普通の自分が周囲から認められた大小さまざまなシーンを採用担当者に伝えましょう。**

● 成功した・認められた喜びのシーンを振り返ってのメモの例

・お客様アンケートで常に「好感接客」の上位に名前が出てくるようになった。
・自分の作成した広告案を採用してもらえた。その広告の掲載されたフリーペーパーをお持ちになったお客様がたくさん来店された時は、達成感を覚えた。
・留学のため辞める時も「戻ってきたら、すぐに復帰してほしい」と言ってもらえた。
・調理スタッフも参加して、歓送会を開いてもらえた。
・教育係、レジ締め係、時間帯責任者と、責任のある仕事を任されるたび、自信が深まっていった。

ドラマチック化の構成要素❺

ネバーギブアップ・現在進行形

ドラマチック化の構成要素❹で、あなたのドラマもハッピーエンドを迎えている訳ですが、TVドラマに終わりはあっても、あなたの本当のドラマはまだ現在進行形で続いているのです。

そこで、現在進行形のあなたを加え、未来に向かって現在も前向きに頑張っている姿を印象付けましょう。

● 現在も頑張っている自分を印象付けるメモの例

・現在は、アルバイトで学んだことを生かし、サークル運営にも頑張っています。店長の姿を思い浮かべながら、時には厳しく、しかし、とことん親身に付き合うことを心掛けながら後輩たちと接しています。
・現在は、アルバイトを辞めてしまったので経営を実践的に学ぶチャンスはありませんが、そのぶん、経営論のゼミを頑張ると同時に、経営に関する本を通学の行き帰りの電車内で読んでいます。
・頑張ったにもかかわらず、残念ながら前回の試験結果は不合格でしたが、自己採点では、もう一歩のところまでこぎつけていました。次こそは絶対、という気持ちで、日々勉強を続けています。
・留学後も英語の勉強を続けています。留学生会館やSNSを利用しながら、極力お金をかけずに英語力を鍛えています。

また、例えば頑張ったにもかかわらず資格試験が不合格だったなど、ハッピーエンドにならないケースもあります。この場合でも、**ネバーギブアップの姿勢で頑張っている自分を示すことがアピールにつながります。**

あなたのドラマのプロセスが充実しているなら、結果を問わず、十分にドラマチックなのです。

ドラマチック自己PRの実例

ハッピーエンドの結論でアピールする場合

「やっていけるかと不安を感じているね。でも、心配しなくていいからね」

私が初めて経験したアルバイトの記念すべき1日目が終わった瞬間に店長からかけられた言葉です。

「他のスタッフの邪魔になる、注文を間違える、謝罪がすぐに言葉にならない」という叱られても仕方がない私に、店長は優しい言葉をかけてくれたのです。

正直、続けられないかも、と逃げ腰になっていました。一晩迷いましたが、このまま辞めては永久に消えない自己嫌悪の思い出になると考え、翌日、店長に「昨日はすみませんでした。そして、ありがとうございました。きっと成長してみせます」と謝罪と感謝と宣言を言葉にしました。

そして、先輩の動き、言葉遣いを学ぶこと、メニューをすべて暗記することにエネルギーを注ぎました。また、少しでも早くスタッフ全員と打ち解けようと、洗い場も積極的に手伝いました。

ある日、そんな私に目をかけてくださった先輩から「お客様が何を求めているかを感じようと心掛けることが接客の仕事」とのアドバイスを受けました。その先輩の言葉は、イメージとしては理解できましたが、すぐに実践できませんでした。

しかし、ある雨の日、肩を濡らして傘をたたむお客様を見て、「これだ!」と気付きました。そして、入り口で傘を預かり、おしぼりを渡しつつ、ビニール袋に傘を入れるサービスを実践しました。

「助かる!」あのお客様の言葉は、今でも忘れません。

このような頑張りが評価され、教育係、レジ締め係、時間帯責任者と、辞めるまでの2年間、担うべき責任をステップアップさせていくことができました。

また、留学のため辞める時に、店長から「戻ってきたらすぐに復帰してほしい」と言われたことが、大きな自信となっています。

現在は、アルバイトで学んだことを、サークルの運営面で生かしています。店長の姿を見習い、時には厳しく、しかし、とことん親身に付き合うことを心掛けながら後輩たちと接しています。

ネバーギブアップの姿勢をアピールする場合

「不合格」
とにかく、この結果を前にした時は呆然となりました。この5カ月は何だったのだろう?とむなしくなりました。特に模試では合格圏と判定されていただけにショックも大きかったのです。正直、2週間は、何も手につきませんでした。
しかしそんな時、友人に「最近は勉強してないんだね。あなたを見習って、私も資格に挑戦することにしたんだよ」と言われたのです。その瞬間、一度の不合格で投げ出してしまいそうな自分が恥ずかしくなりました。
そこで、もう一度、勉強方法を見直してみました。エクセルで試験日までの勉強計画を作ると同時に、進み具合を入力するようにしました。また、友人に不合格にめげることなく再挑戦していることを話し、一緒に刺激し合いながら頑張ろうと声を掛けました。
「引くに引けない」状態にするためです。
エクセルに進行を入力することによって、自分の勉強具合を具体的に認識できるようになりました。また、分野別に自分の得意・不得意をチェックする意識も芽生えました。当然ながら、この分野別の成績分析もエクセルで行っています。
このような取り組みの結果、資格の勉強だけでなく、授業やレポートに対する取り組む姿勢も向上しているように感じます。
以前のように、締め切りに追われながらレポートをでっち上げるということがなくなったばかりか、何よりも調べることが苦痛でなくなり、図書館で参考文献を読む時間を持つのが普通になりました。
試験は来月で、今は追い込みに入っています。結果はどうなるか分かりませんが、ここまで頑張った自分を信じています。

ここまでの取り組みで、巻頭特集の実例と比較しても遜色のない自己PRを作成でき、大半の企業のESには対応できるようになっています。更に企業の人材ニーズに対応した自己PR作成に取り組む余裕のある人は次ページに進み、そうでない人は、第３章の「志望動機編」に進みましょう。ES攻略では、自己PRと志望動機に対するバランスの良い取り組みが必要だからです。

4 志望企業が求めるイメージに合わせて 自己PRをアレンジしよう

ここでは、企業の求める人材像を重視し、それにマッチするように自己PRを作成していく方法を学びます。

例えば、営業主体の企業ならば「積極性」や「挑戦意欲」を重視し、技術主体の企業ならば、「変革」「創意工夫」や「探究心」といった言葉につながる個性を重視します。このように各業界、職種ごとに、人材のニーズに違いがあるのです。自己PRの内容を企業ニーズに沿うようにして、注目される確率を高めるのが、ここでの狙いとなります。

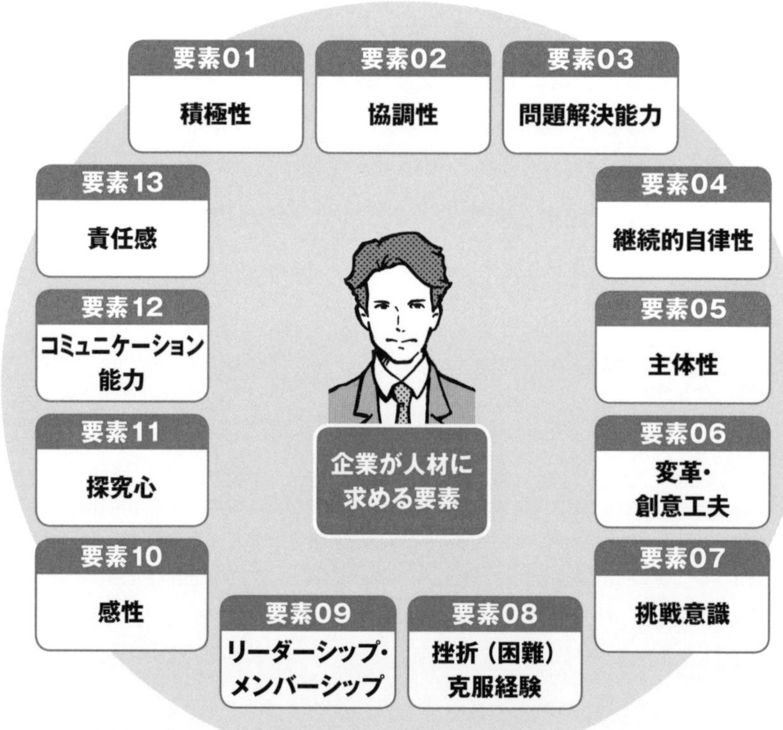

企業が求める人材像を意識した自己PRも準備しておきましょう。

要素01 積極性

ためらわず、まずやってみよう、の意識で取り組む姿勢を指す。開拓的な仕事で発揮される。

要素02 協調性

会社も仕事も人との関係が基本にあり、周囲とのバランス感覚が必要になる。協調性に加え、当事者意識（問題を他人事ではなく、自分のこととしてとらえる意識）も併せ持っている人が特に求められている。

要素03 問題解決能力

仕事とは、問題発生と解決の繰り返しである。よって、問題の所在を見極め、解決方法を導き出す分析的、論理的に考えるセンスが、それぞれ必要となる。

要素04 継続的自律性

自分を律するのは難しいが、仕事では、この姿勢を継続して維持しなければならない。仕事に対する自己研鑽の時間を作り、長期的に取り組んでいる人は、この性質を持っている。

要素05 主体性

求められる要素の中でも特に大きなもの。周囲に依存せず、責任意識を持って取り組める気質のこと。

要素06 変革・創意工夫

変化を起こす意識、新しいものを生み出す意識は、会社の成長を停滞させないために必要。事務的、マニュアル的に対応する人と、創意工夫する意識で提案的に取り組む人とでは、顧客の印象も、上司の評価も大きく差が付くことになる。

要素07 挑戦意識

新しいことへの取り組みに面白さを感じる姿勢。プラス思考が必要。特に成功体験のある人は、この意識を持つことができる。

要素08 挫折（困難）克服経験

学生時代に挫折を味わっていないために、社会人となってから、ポッキリと折れてしまう人もいる。安心して採用するためにも、挫折を克服した経験のある人が望まれる。

要素09 リーダーシップ・メンバーシップ

リーダーシップとは、集団を目指す方向に向かわせる力。引っ張るばかりでなく、メンバーの自覚を高めることで動かすタイプの人もいる。また、どんなリーダーの下でも、メンバーに協力意識がなければチームは動かない。よって、目指す方向を共有し、与えられた役割の中で責任を果たすメンバーシップの意識もリーダーシップと同等に重要。入社後数年はメンバーシップの発揮を特に必要とする。

要素10 感性

感性を磨く意識を持った日々を送っているかが重要。長年にわたって取り組み蓄積された知識や技術を元に発揮される。趣味や好きなことを通して育まれる。

要素11 探究心

答えの見つからない中で模索し続ける力は、特に研究や技術フィールドで必要とされる。長期的な取り組みが前提となることから、継続的自律性と併せて発揮される。

要素12 コミュニケーション能力

相互理解を構築する能力。同僚・顧客と、仕事はコミュニケーションの繰り返しである。特に初対面の相手とも、年齢の違う相手とも、違う価値観の相手とも、壁を作らずコミュニケーションできる能力は素晴らしい。協調性にもかかわってくる。

要素13 責任感

仕事とは社会の安定、顧客の人生・生命、会社の命運を背負って行うものである。よって、強い責任感が必要であることを自覚する意識が必要。

WORK

これまでの行動を振り返り、どんどん記入してみよう。浮かばないものは飛ばして先へ進んでもかまわない

内定者の実例

要素	思い浮かんだシーン
積極性	・留学先でのクラスイベント実行委員への参加。 ・帰国後の大学生活全体（アルバイト、サークル、ゼミ）。
協調性	・最初のアルバイトでは担当外の洗い場も積極的に手伝う。 ・サークル活動では、後輩の気持ちもくむように頑張った。
問題解決能力	・競合店の進出による売り上げと来店数の落ち込みを解決。 ・資格不合格後、自分の行動を振り返り、非計画性という行動姿勢を改善することができた。
継続的自律性	・始めた動機は社会勉強のため。 ・留学費用を稼ぐため。
主体性	・店長への謝罪や仕事理解のための勉強は、誰かに言われてではなく、自ら考えて行った。 ・後輩に指示するだけでなく自らもチラシを配り、率先的に行動した。 ・経営を実践の場で学ぶために自ら、社員に話を聞き勉強している。
変革・創意工夫	・お客様への新サービス（傘をビニール袋に）を発案し、実行に移した。 ・エクセルを使っての自己管理を行うようになった。 ・留学を機に、おとなしくて受け身な自分を変えようと決意し、行動した。 ・フリーペーパーに掲載する広告デザインを、顧客ターゲットなどを考えながら作成した。
挑戦	・留学及び留学先でのプレゼンテーションに積極的に取り組む。 ・学祭での売り上げ倍増に挑戦する。 ・資格取得へ挑戦。 ・アルバイト先で任命された各役割（教育係、時間帯責任者など）に意欲的に取り組む。 ・アルバイト先の売り上げ及び来客数アップに挑戦する。

挫折（困難）克服経験	・最初のアルバイトで1日目に続けられるか不安で辞めたくなったこと。この最悪の状況から逃げずに取り組む。今では、働くことに自信が持てるようになっている。 ・資格試験の不合格から立ち直ったこと。まだ結果は出ていないが、挫折経験を通して、くじけない心が強くなったと思う。 ・留学先では、他国からの留学生のレベルの高さに当初は萎縮したが、粘り強く頑張り、追い付くことができた。
リーダーシップ・メンバーシップ	・サークルの方針決定と実行のプロセスにおいて、リーダーとしての経験を積むことができた。 ・時間帯責任者としてアルバイトメンバーをまとめることを通して、リーダーとしての経験を積むことができた。 ・留学先ではクラスイベント実行委員として他国の仲間と共に頑張り、メンバーシップを発揮した。他の国の人とも協調できる強みを持っている。
感性	・フリーペーパーの広告作成では、チラシや雑誌の広告を集め、文字の大きさ、キャッチフレーズ、色使いを研究し、作成した。 ・服装に興味があり、毎月、数冊のファッション雑誌を読み、ファッションに対する感性を鍛えている。友人からよく、センスが良いと褒めてもらったり、アドバイスを求められたりしている。
探究心	・より良いレポートを書こうと、必ず図書館で参考になりそうな文献を探してから取りかかっている。 ・お店の利益や運営コストにも興味を持ち、社員の方に質問している。 ・経営に興味を深め、ゼミの勉強にも、アルバイトの仕事にもエネルギーを注いでいる。
コミュニケーション能力	・社員の方やお客様とのコミュニケーションを通して、年齢や立場を越えてコミュニケーションできるようになっている。 ・留学先で、最初はコミュニケーションが成立せず苦労したが、今では、メールのやりとりを行う友人を作ることができた。
責任感	・アルバイトでは、抜擢された期待に応えたい、との気持ちを持って、任命された役割に意欲的に取り組んだ。 ・サークルを先輩から引き継いだ時、このサークルを絶対、発展させようと決意し、取り組んだ。

実際に書いてみよう

要素	思い浮かんだシーン
積極性 参考ES:P.292	
協調性 参考ES:P.222	
問題解決能力 参考ES:P.224	
継続的自律性 参考ES:P.248	
主体性 参考ES:P.226	
変革・創意工夫 参考ES:P.228	
挑戦 参考ES:P.230	

挫折（困難）克服経験 参考ES:P.250	
リーダーシップ・メンバーシップ 参考ES:P.252	
感性 参考ES:P.280	
探究心 参考ES:P.286	
コミュニケーション能力 参考ES:P.282	
責任感 参考ES:P.254	
その他 （　　　　）	

メモ後にそれぞれの参考ESを見本に、作成してみよう。

5

自己PR作成総まとめ

心掛けたい5大ポイント

ポイント1 課題に対する結論を冒頭部分で明確にする

ESの文章作成では、結論先行を意識しましょう。結論先行によって、内容が一貫した文章を書きやすくなります。また、読み手、つまり採用担当者や面接官は、あなたがアピールしたいことを理解しやすくなります。

ポイント2 具体的な内容を心掛ける

以下の2つの例文を比較してみましょう。

抽象的な悪い例

私は責任感が強く、何事も中途半端に途中で諦めたりすることはありません。大学時代は接客のアルバイトを通じ、多くのことを学びました。この経験を通じて自分を成長させることができたと思います。社会に出て働く際にも、こうした自分の長所や学んだことを生かし、一生懸命努力していきたいと考えています。

改善された具体的な例

私はコンビニエンスストアで、早朝6時から10時までのアルバイトを3年間続けています。1度も遅刻、欠勤をしたことがなく、それは私の責任感を証明するものだと思います。このアルバイトを通して、商品の在庫から売り上げまでを管理するコンピュータシステムの素晴らしさを学びました。また、お客様の「ありがとう」という言葉が、時給以上の喜びをもたらしてくれることも知りました。私は、お客様からの「ありがとう」に触れられる仕事に就きたいと思っています。

改善点 1

「責任感」をいかに具体的に示すかを考える→早朝6時から10時という時間にもかかわらず、1度も遅刻、欠勤をしたことがない、という事実を具体的に示す。

改善点 2

「何事も途中で諦めない自分」をいかに具体的に示すかを考える→3年間続けている、という事実で具体的に示す。
⇒大変さや、責任感を具体的な数字（時間・期間・回数・金額）を用いて示してみましょう。

改善点 3

「多くのことを学んだ」をいかに具体的に示すかを考える→「商品の在庫から売り上げまでを管理するコンピュータシステムの素晴らしさ」「お客様の『ありがとう』という言葉が、時給以上の喜びをもたらしてくれる」と具体的な内容を説明する。
⇒「多くの」「さまざまな」という表現をついつい使ってしまうが、このままでは読み手には何も伝わらないことを理解しましょう。

ポイント3 キャッチフレーズ、【　】、太字、下線で強調する

例

【ひたむきさに自信があります】

私の長所は「ひたむきさ」です。アルバイトでは、誰よりも一生懸命取り組もうという気持ちで働いています。例えば、皆が嫌がる**トイレや店内掃除**なども、お客様に快適な時間を過ごしてほしいと思い**率先して行いました**。その結果、お客様にお褒めの言葉をいただき、店長にも喜んでいただけました。今では、**社員の方々から信頼され、仕事を頼まれることが多くなり、**やりがいを感じています。

学生生活と同様に、御社の仕事にもひたむきに取り組み、頼りにされる社員に成長することを目指して頑張ります。

単に文字を並べるだけでなく、読み手がすべてを読まなくとも理解できるよう、記述を工夫しましょう。冒頭でキャッチフレーズ的にアピールしたい結論を示したり、下線、太字、【　】であなたがアピールポイントとして注目してもらいたい部分を強調しましょう。

ポイント4 箇条書きや改行を活用し、すっきりと読みやすくする

以下の例文を比較しましょう。改善後は、箇条書きによって、工夫したことや努力が、改行によって、成果や現在進行形アピールが、すぐに目に入りやすくなっています。

改善前

私は向上心に自信があります。この向上心で特に頑張ったのは英語です。初めて受けたTOEICでは400点台しか取れず、悔しい思いをしました。それからはニュースなど英語で配信されている動画を視聴し、教材を持ち歩き暇があれば休み時間でも取り組みました。また、サークルやアルバイトでどんなに遅くなっても、毎日必ず30分は勉強を行いました。この取り組みの結果、半年で525点までスコアを上げることに成功しました。現在は650点を目標に頑張っています。

改善後

【向上心に自信があります】

私が向上心を持って取り組んだのは英語です。初めて受けたTOEICでは400点台しか取れず、悔しい思いをしました。それから、以下のことに毎日努力しました。

1. ニュースなど英語で配信されている動画を視聴する。
2. 教材を持ち歩く。暇があれば休み時間でも取り組む。
3. サークルやアルバイトでどんなに遅くなっても、必ず30分は勉強する。

この取り組みの結果、半年で525点までスコアを上げることに成功しました。

現在は650点を目標に頑張っています。

ポイント5 締めくくりでは現在進行形を心掛ける

過去の自分を振り返り、成果や成長できたことでアピールを締めくくるのではなく、今、現在も頑張っているあなたをアピールして締めくくりましょう。

P.138の改善後の例文の締めくくりを参考にしてください。

自己PR作成　まとめ

「自分の何を伝えるべきなのか？　伝えなくてはならないのか？」、このような視点で課題を読み、アピール目標を明確に持った上で作成に取り掛かりましょう。アピール目標が定まれば、あとはネタを選んでいけば良いのです。また、自己分析作業を通して、多くのネタを整理できているあなたです。一つの自己PRで満足することなく、複数の自己PRを作成し、より良いものを選び提出しましょう。

時間的に余裕のある人は更なる自己分析で

自己PRネタの充実を目指そう

時間的に余裕があり、自己PRネタをさらに充実させたい欲が出てきた人は、これから紹介する3つの自己分析に取り組みましょう。（提出期限が迫っているなど、余裕のない人は、先に「志望動機編」に進みましょう）

更なる自己分析 1 自分を客観視する自己分析

自分を理解するに当たって、周囲の友人から自分について客観的に教えてもらうことが、とても役に立ちます。ここでは、「気付いていない自分」の発見と、「気付いている自分」の自信を深めることに取り組みましょう。

● 友人から自分についてコメントしてもらい、書き込もう

友人の名前	私の特徴と記憶に残るシーン	友人による評価
（例） 雅夫くん	（例）大教室の授業であっても積極的に最前列で受講している。ノートの文字が、もう少しきれいだと満点（笑）。	8／10点
		／10点
		／10点
		／10点
		／10点
		／10点
		／10点
<コメントをもらっての感想>		平均点 ／10点

更なる自己分析2 長所を探し尽くす自己分析

自己PRというと、インパクトのあるキーワードを思い浮かべたくなりますが、以下の項目のいくつかにチェックできただけでも、十分にあなたは素晴らしい人であり、採用担当者を満足させられる人なのです。自分の長所・強みの発見に役立ててください。

当てはまるものにチェックして具体例を書き出してみよう

*シーンメモ欄にはできるだけ具体的な事象を書いておきましょう

	項目	チェック欄	シーンメモ欄
行動	遅刻しない、時間には正確		
	頼まれたことには素早く取りかかる、後回しにしない		
	整理整頓を心掛けている		
	先生や先輩からの指示はメモしながら聞く		
	グループでは積極的に発言する		
	失敗を隠さず報告する		
	授業やゼミには予習をして臨む		
	手抜きはしない		
	失敗した時は、すぐに頭を下げられる		
	先輩の姿をよく観察し取り入れる		
	上下関係に慣れている		
	アルバイトではお客様本位で考えられる		
	好き嫌いを超えて取り組める（苦手なことにも取り組める）		
	効率よく進めることが得意		

	項目	チェック欄	シーンメモ欄
行動	時間を無駄にしない、空き時間を有効利用する		
	興味のある分野の情報には敏感		
	短期のアルバイトをかけもちできるフットワーク		
	期限は絶対に守る意識がある		
	気を回せる・気が付くタイプ		
	腕前を磨き向上する意識がある		
	長時間、集中して仕事や勉強に取り組める		
	新しい環境や人間関係にすぐになじめる		
	サークルもアルバイトも長く続けるタイプ		
	アルバイトやサークルで役割を負うことにやりがいを感じる		
	長期休暇は事前に計画をいっぱい立てる		
	留学費用など大きな出費を自力で支払った		
コミュニケーション	常に自分からあいさつできる		
	相手の目を見てコミュニケーションできる		
	初対面の人たちの中に入ってもすぐに溶け込める		
	悩み続けないで周囲に相談できる		
	友人の話をよく聞く、よく相談される		
	相手の気持ちをくむことを重視する		

	項目	チェック欄	シーンメモ欄
耐性	粘り強く諦めない		
	失敗を引きずらない。切り替えられる		
	緻密な作業が苦でない		
	厳しい練習でもへこたれない		
	本番で練習の力を発揮できる		
	学業・課外活動を両立できる体力・精神力がある		
	子供のころから10年程度続けている（いた）ものがある		
チームワーク	全体の動きへの目配りができる		
	仲間を手伝おうとする意識が強い		
	人間関係では調整を取るのが上手		
	グループをぐいぐい引っ張っていける		
	ムードメーカーとして盛り上げ役になれる		
	後輩への目配りができる		
	段取りが得意。よく幹事役を担う		
プレゼン力	ゼミなどで簡潔に、分かりやすく、を意識して発表できる。説明できる		
	発言では組み立てを考えてから行う		
	ゼミの発表などではビジュアルに訴える資料を作る		

更なる自己分析 3 出題傾向の高い自己分析項目をまとめておこう

以下の17項目は、自己PRに関連する質問項目として想定されるものです。思い付かないものは飛ばしてかまいませんが、何度も振り返り、可能な限り埋めておきましょう。その結果、各社のさまざまな角度からの質問に対する回答を、スムーズに作成できるようになっているでしょう。

実際に書いてみよう

01 大学生活で打ち込んだこと（3つ程度）	
02 大学生活で味わった達成感のあるシーン（3つ程度）	
03 大学生活を通して成長できたこと（精神面3つ程度）	
04 大学生活を通して成長できたこと（行動面3つ程度）	
05 大学生活で克服できた弱点	
06 自分の核となる5大特徴（レーダーチャート）	①自分の5大特徴を選び（　　）に記入する ②各特徴を5点満点で評価し、線で結ぶ （　　　　） （　　　　）　（　　　　） 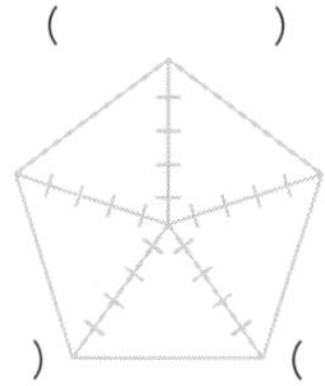 （　　　　）　（　　　　）
07 自分のモットー	
08 自分のキャッチフレーズ（20字以内で）	
09 自分を四字熟語で表すと?	

10	自分を商品や品物に例えると?	
11	大学生活で自分が作り上げたもの	
12	大学生活での最大の出会いと影響を受けたこと	
13	大学生活で、挑戦し、成果を上げたこと	
14	大学生活でぶち当たった壁と突破した経験	
15	大学生活で最も充実したチーム活動	
16	大学生活で最も我慢強く取り組んだこと	
17	仕事で生かせる自分の強み（3つ以上）	

これら17項目に取り組むことで、多くの経験や前向きな行動姿勢を持った自分を再認識できたはずです。「これだけのものを持った自分だからこそ、採用担当者にきちんと伝えなければもったいない」という気持ちが芽生えることを願っています。

memo

第3章

ES作成法❷

志望動機完全対策

「なぜ、この会社を選んだのか?」といった理由や、「どうしてもこの仕事をして働きたい!」といった思いを述べるのがESにおける「志望動機」の役割です。この章では、志望動機を作成するために、必要な業界・職種・会社研究の進め方と、それによって収集したネタを統合して文章化する方法、および文章例を紹介していきます。あなたのメッセージがしっかりと伝わり、内定の決め手となる志望動機の作成を目指しましょう。

第3章の構成

1 志望動機の基本を理解しよう

志望動機に力を注ぐ理由とは?

自己PRが重要なのはいうまでもありませんが、就活ではもっと大切なものがあります。それは、**志望動機**です。

企業は優秀な人を採用したいと思っていますが、この「優秀な人」とは、優秀な学生ではなく、賃金を支払う価値がある**「優秀な社会人になりそうな人」**を指します。同時に、その優秀な人に、「自社に対しての熱意」を求めています。なぜなら、「うちの商品は絶対に役立つものだから、もっと多くの人に広めたい・使ってもらいたい」「うちの会社をもっと繁栄させて、全社員で分かち合い、幸せになりたい」などといった、会社に対する熱い思いを社員が持たなければ、厳しい市場での競争に勝ち残れないからです。

そのために、採用担当者は会社を選ぶ理由や職業意識についての志望動機を厳しくチェックするのです。

「よく知っている自分」を分析して、まとめる自己PRを生かして、未知の企業や仕事を対象に導き出さねばならない志望動機は、非常に難しいものです。

更に、自己PRは自分という一つの存在を複数の側面から分析するのに対し、志望動機は複数の企業に対し、複数の側面から分析を加えていかなくてはなりません。例年、目にしているESの傾向として、自己PRが充実している割に志望動機が手薄な人が多いという現実があります。

だからこそ、志望動機に力を注げば、自己PRのパワー不足をカバーすることもでき、採用担当者に力強くアピールすることも可能になるのです。

志望動機とはどんな内容なのか?

ESの志望動機では、**大きく分けて「会社志望動機」と「職種志望動機」が問われます。**それと同時に、就職観、業種志望動機やキャリアビジョンも問われることになり、具体的には以下の内容が必要になります。

- 志望企業に入社して行いたいことを具体的に示すもの
- 志望企業に入社するに当たって、どの役割・職種を担いたいかを宣言するもの
- 志望企業に入社後の長期的なキャリアビジョンを示すもの
- なぜその企業がいいのかという選択理由を示すもの
- 目指す仕事や職種に対し、自分が生かせる長所や特徴を持っていることをアピールするもの（＝自己PRとミックス）

＊これらのことを記述するに当たって、業種研究が土台になる。

これらの記述を通して、**「志望会社・仕事への理解を深めていること」「自分が本当にやりたいことが志望企業の仕事と一致していること」「その仕事に自分が向いていること・生かせるものがあること」「他社以上に、志望企業に入社したい気持ちを持っていること」**を企業にしっかりと伝えましょう。それが志望動機を作成する目的です。

志望動機に関する企業からの質問例

- なぜ当社を志望するのですか?　当社を選ぶ理由は何ですか?
- あなたが当社で取り組みたいことは何ですか?
- あなたのキャリアビジョンを教えてください。
- 仕事での10年後の目標は何ですか?　あなたの夢は何ですか?

志望動機はどう作成するのか

志望動機では、「なぜ御社を選ぶのか」「入社して何がしたいか」を明確に説明し、仕事への意識の高さをアピールすることが目的となります。

しかし、ここで疑問が浮かびます。

「経験したこともない仕事や企業の内情に対して、果たして明確なものなど持てるのか?」

まさにその通りです。だからこそ、①業界研究、②職種研究、③会社研究、が必要となるのです。これらの研究をしっかりと行わない限り、志望動機は曖昧なままで、内定に近付くことはできません。

志望動機形成に必要な3つの研究

❶業界研究　❷職種研究　❸会社研究

とはいえ、更に新たな疑問が浮かんできます。

「研究を通して学ぶ大切さは理解できたけれど、しょせん読んだり聞いたりしたことでは、確信を持ってこれがやりたい、御社を選びたいと断言できないのではないか」

これもまた、その通りです。

「実態や行く末が分からないのに明確な態度を示さなくてはならないところに難点があり、その難しさ故に差がつきやすい」のが志望動機なのです。

また、「分からないからこそ、大きなビジョンが持てる」「分からないからこそ、自信いっぱいで頑張ろうという気持ちになれる」ともいえます。

この点を理解していないと、内容が現実的な割に評価が低い、という状況に陥るので注意が必要です。

志望動機の5大要素

志望動機を組み立てる前に、しっかりと考えをまとめておこう

志望動機とは、「就職観」「仕事観（業種・職種）」「会社観」「仕事を通しての成長・自己実現観」を示すものです。**この考えがまとまっていなければ、**いかに会社研究を行おうとも**あなただけの会社志望動機は書けない**のです。そこで、それぞれに対するあなたの考え方を、以下の志望動機の5大要素に沿ってまとめてみましょう。

要素1 なぜ就職するのか

当たり前と思っていることほど、改めて問われると難しいものです。なぜなら、当たり前だからこそ、特別深く考える必要性を感じていないからです。

「大学を卒業したら就職」が、世の中の「標準コース」だとの考えでは、志望動機を採用担当者のハートを動かすレベルに深めることはできません。

「なぜ就職するのか＝就活の根本」に意識を注ぎ、就活に臨む意気込みをしっかりと固めましょう。

そのためには、次の3つの視点が必要になります。

❶自分のメリット　❷お客様（社会を含む）への貢献　❸会社への貢献

多くの学生が「自分のメリット」の段階で考えることをやめてしまっています。就職は、まさに自分のことですから真っ先に考えることは理解できますが、この段階で止まっているのは残念です。

なぜなら、**仕事とはお客様があって初めて成り立つもの**です。就職を考えるに当たっては「お客様に対して自分は何ができるのだろうか」ということを考える必要があるのです。アルバイトで学んだ「お客様第一主義」のキーワードを、就活でも意識しましょう。

次に、**内定を承諾するということは「会社の期待に応えること」を承諾すること**です。従って、自分は会社に何を期待され、どう応えていけるのかも考えていきましょう。これら3つの視点が満たされた就職観が養われた時、就職するにふさわしい大人の意識を持てたといえるのです。

要素2 業界について理解を深めよう

世にさまざまある業界の中から1つを選び、その業界にたくさんある会社（同業他社）の中からさらに1つを選ぶのが就職といえます。迷いのない、明確な志望を示すためにも業界をきちんと区別し、それぞれの**担っている役割**（=仕事）を理解しましょう。「○○業界は、どんなお客様のどんなニーズにどんな解決提案・取り組みを行っているのか」、このような問題意識を持つことが大切です。

お客様と一言でいっても、例えば企業、個人、国や地方公共団体などに分類できます。次の4点を考えてみましょう。

❶あなたは働くに当たって、どんなお客様に接することをイメージしていますか（例:個人or法人）
❷そのお客様は、どんな問題やニーズを抱えているでしょうか
❸どんなサービス・知識・技術などを提供し、解決を図るプロの世界なのでしょうか
❸どの分野でプロフェッショナルを目指し、業界の門戸をたたくのでしょうか

要素3 会社選択基準

世の中にはさまざまな会社が存在し、そのどれにも良さがあります。特に、新卒採用を行おうとする会社は、一般的に業績が良好です。そのため、どの会社も良く思え、選ぶ上で迷うことになります。

そこで、会社選びでは、自分が主体的になる必要があります。大手一本に絞る人もいれば、ベンチャー企業を狙う人もいます。トップ企業を目指す人もいれば、あえて3位を選び、トップ企業に成長していく挑戦過程を楽しみたい、という人もいます。

自分は何を基準に企業を選びたいのかを、自分の長いキャリア人生を意識しながら、長期的な視野で考えていく必要があるでしょう。

下の会社選択基準の表を使って、項目ごとに自分がそれをどの程度重視するのか、☆を塗りつぶしながら確認してみましょう。

実際に塗ってみよう（度合いが高いほど☆を多く塗る）

会社規模	☆	☆	☆	☆	☆
肌で感じる社風・社員の人柄	☆	☆	☆	☆	☆
経営理念や社長の考え方	☆	☆	☆	☆	☆
成長性	☆	☆	☆	☆	☆
実績	☆	☆	☆	☆	☆
仕事内容	☆	☆	☆	☆	☆
社内制度	☆	☆	☆	☆	☆
習得できる技術	☆	☆	☆	☆	☆
大学で学んだ専門知識を生かせる	☆	☆	☆	☆	☆
勤務地	☆	☆	☆	☆	☆
その他（　　　　　　　　）	☆	☆	☆	☆	☆

要素4 志望会社への共感

長く付き合っていく会社との関係は、お金だけでは語れません。なぜなら、ほとんどの会社が、多少の差はありながらも（特に初任給は）同じような賃金水準だからです。

また、転職によってステップアップしていくにしても、能力を高めるためには、3年、4年と腰を据え、選んだ会社で仕事に取り組む必要があります。

この先、長い時間を共にすることになる会社を選ぶには、「共感」が必要になってきます。なぜなら「不満」を抱え、「無関心」のまま会社に居座り続けていると、自分が苦痛になってしまうからです。

また、採用担当者は会社を代表して会社を語る仕事を担っています（会社説明会など）。おのずと会社への愛着が、どの部署・職種よりも深まる仕事といっても過言ではありません。

そんな採用担当者を相手に就活を行う以上、会社に対して「共感」もしくは「賛同」の気持ちを示していくことが、成功にもつながっていきます。

内定はコンピュータが判断するものではなく、経営者、採用担当者、面接官という「人」が判断するものであることを、改めて重く受け止めましょう。少々、成績（適性試験や一般常識、学校の成績）が悪くても、相互理解を重視し、採用する企業は多いものです（就活がコミュニケーション［相互理解］重視といわれるゆえんです）。

また企業は、人の集合体であることも認識しましょう。「いかに人の心をつかむか、心と心の交流を行っていくか」が、内定獲得のためのポイントです。

よって、あなたから会社に対して、「心を近付けていく」必要があるのです。

要素5 仕事&キャリアにビジョンはあるか?

入社1カ月をイメージしてみましょう。「なぜ、給料がもらえるのだろうか」と疑問がわきませんか? 初めの1カ月間は、きっと右も左も分からず右往左往の日々のはずなのに。本来なら、仕事を学ぶのですから、学校のように授業料を払わねばならないはずです。ではなぜか? それはつまり、会社は自分に先行投資をしてくれているのです。

給料を通して、自分に寄せられた会社からの期待が見えた時、「目先の何ができるか」ではなく、将来性を持っていることこそが、会社の期待に応えることだと分かります。この期待に応えるためにも、**「仕事で将来的に何を実現していきたいか?」という仕事のビジョン**を持ってください。

また、企業は自立的な人材を求めています。自立的に行動できる人は、皆、ビジョンを持っています。加えて、会社や仕事があなたの自己実現に役立つ場であってほしいと企業は考えています。あなたが自己実現を目指して生き生きと頑張ってくれることが、会社にとって一番のメリットとなるからです。**「自分はどんなキャリアステップを踏んで、どんなことを実現できる人間に成長したいか」というキャリアビジョン**を持つことにも力を注ぎましょう。

志望動機のネタを集める

志望動機の形成では、考えるのではなく、さまざまな情報を集め、調べることが大切です。たとえ、途中で志望する会社を変更したとしても、調べたことは決して無駄になりません。考え方によっては、その知識を、本命企業の志望動機に転用できるのです。ここでは、情報に対する調べ方のプロセスを学んでいきましょう。

こんなプロセスでネタを集めていこう

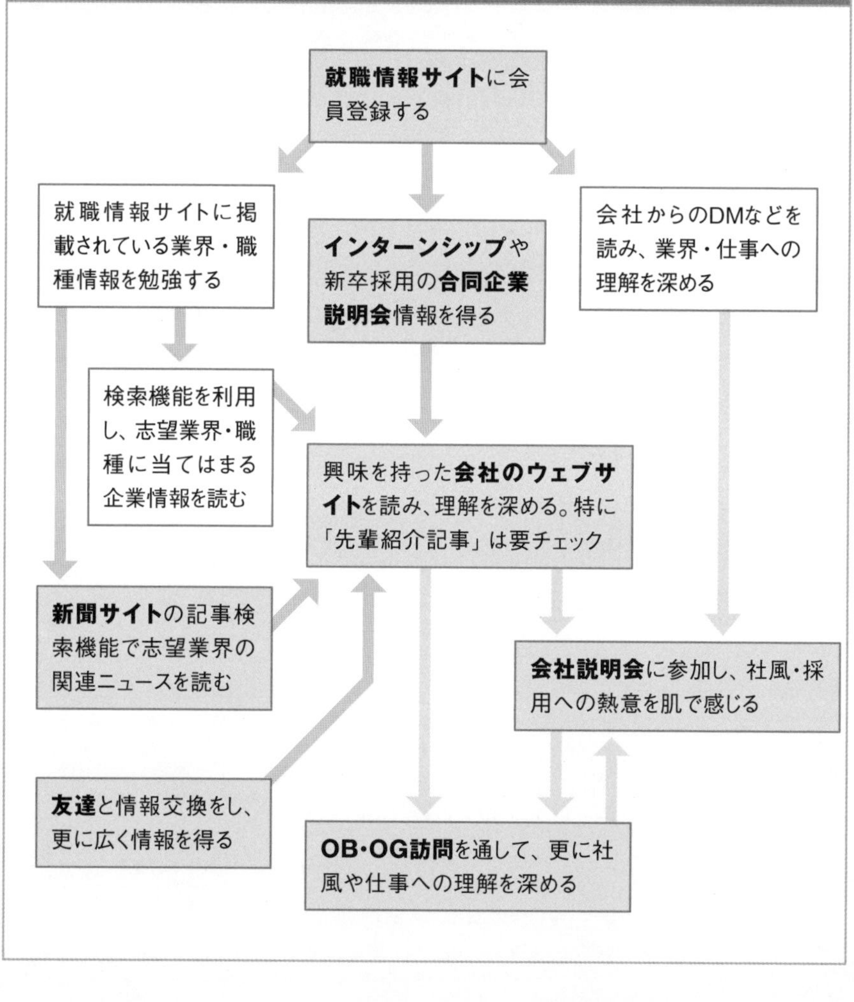

STEP 1 情報収集に着手する

就職情報サイト

就活全体の情報収集は、「マイナビ」などの就職情報サイトで行いましょう。会員登録をしておけば、エントリー時の入力を省略できる企業もたくさんあるので効率的です。その上、エントリーをした企業以外からも、スカウトメール等を受けられる特典もあります。

特に「マイナビ」は企業情報等が充実しており、就活生にとっては会員登録すべき必須情報サイトと言えます。U・I ターン就職の場合は、地方新聞社のウェブサイトにもアクセスしてみましょう。

インターンシップや新卒採用の合同企業説明会

1日で多くの企業の話を聞けるばかりでなく、インターネットなどを通じた研究だけでは気付かなかった有望企業も発掘できる場です。また、各企業の人事担当者との直接のコミュニケーションも取れる貴重な機会と言えるでしょう。業界説明や、ESの書き方講座が行なわれるなど、研究・情報収集において非常に役立つイベントです。

Webニュース・新聞サイト、関連記事配信サービス

Webニュースや新聞サイトは、手軽に情報にアプローチできます。無料では途中までしか読めない記事もありますが、それでも、情報を掘り下げるための取っ掛かりとしての価値があります。また、関心の深いキーワードを登録すれば、関連する記事を配信してくれるサービスも活用しましょう。

友人との情報交換

就職活動は情報戦ともいえます。情報収集の代表的なツールは、就職情報サイトなどのインターネットですが、それらから得られる情報の弱点は、それが無味乾燥なものであることです。

また、情報を集めるため、あなたは積極的に活動するわけですが、1人で行動できることには限界があります。

そこで、友達との情報交換が重要になります。友達が、あなたと気の合う、感性の似ている存在であるということを考えれば、友人の情報が貴重であることが分かります。

この情報交換を通して、企業に対する見方や考え方を深めていくことができるでしょう。あなたの見方や考え方が深まれば、記述される文章の内容も、必ず深まっていきます。そして、内容の深まりは、志望度の高さ、就職への意気込みという形で採用担当者に伝わり、ESの評価UPにつながります。

OB・OG訪問

会社や仕事への理解を深めるほど、志望動機は充実していきます。この理解を深めるための最も有効な方法がOB・OG訪問です。

OB・OG訪問を通して、仕事や会社に対する「実感」を教えてもらいましょう。先輩たちの実感に触れることで、あなたも会社や仕事への理解をより深めていくことができるのです。

OB・OGが見つからない場合は、合説での社員との接触や社員との懇談会を重視しましょう。

<芋づる式OB・OG作戦>

1人の先輩と会っただけで終わりにするのではなく、「先輩の先輩社員の方（もしくは上司）をご紹介いただけませんか」とお願いしてみましょう。特に志望度の高い企業では、30代、40代と複数の年齢層の方と会い、企業への理解を深めておきましょう。より上の立場の方の仕事観や会社観には、より深いものがあり、勉強になります。

STEP 2 業界・職種を研究し志望を固めよう

① 業界研究の方法

就職情報サイトの「マイナビ」内には業界を解説したコンテンツもあります。この内容を参考にして、視野を広げ、興味を持ったら主要企業数社の事業概要を読んでみましょう。これだ! と思える業界が、必ず見つかるはずです。

マイナビ:業界の解説例

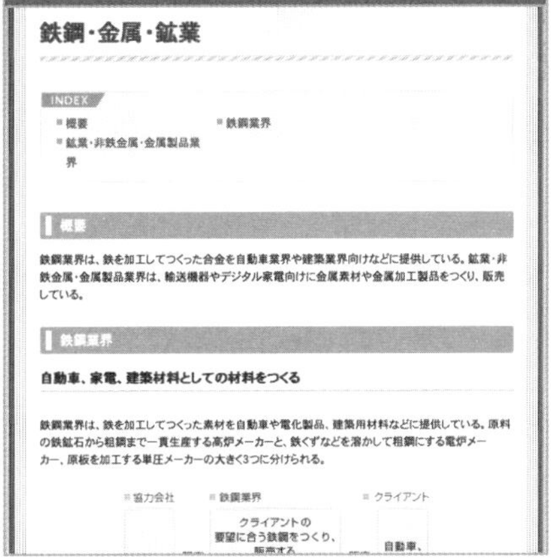

鉄鋼・金属・鉱業

INDEX
- 概要
- 鉱業・非鉄金属・金属製品業界
- 鉄鋼業界

概要

鉄鋼業界は、鉄を加工してつくった合金を自動車業界や建築業界向けなどに提供している。鉱業・非鉄金属・金属製品業界は、輸送機器やデジタル家電向けに金属素材や金属加工製品をつくり、販売している。

鉄鋼業界

自動車、家電、建築材料としての材料をつくる

鉄鋼業界は、鉄を加工してつくった素材を自動車や電化製品、建築用材料などに提供している。原料の鉄鉱石から粗鋼まで一貫生産する高炉メーカーと、鉄くずなどを溶かして粗鋼にする電炉メーカー、原板を加工する単圧メーカーの大きく3つに分けられる。

協力会社　鉄鋼業界　クライアント

クライアントの要望に合う鉄鋼をつくり、

自動車、

② 職種研究の方法

業種と同時に、世の中にある職種への理解も深めましょう。自分の能力や特長を生かせる職種の中で、特に興味の持てるものを探すことが大切です。就職情報サイトの「マイナビ」内では職種に関する解説も充実しているので、ぜひ参考にしましょう。

マイナビ:業界の解説例

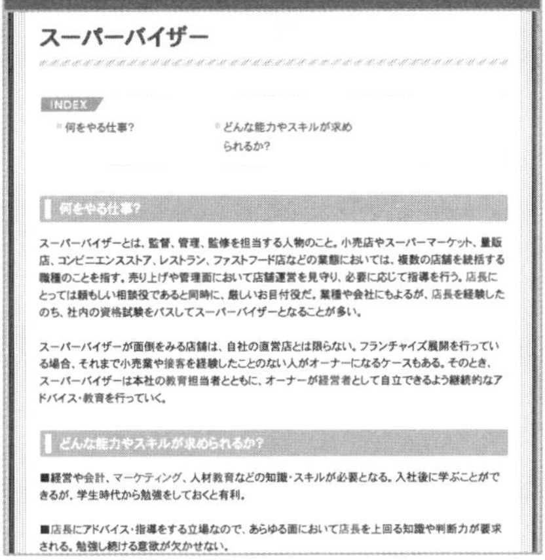

スーパーバイザー

INDEX
- 何をやる仕事?
- どんな能力やスキルが求められるか?

何をやる仕事?

スーパーバイザーとは、監督、管理、監修を担当する人物のこと。小売店やスーパーマーケット、量販店、コンビニエンスストア、レストラン、ファストフード店などの業態においては、複数の店舗を統括する職種のことを指す。売り上げや管理面において店舗運営を見守り、必要に応じて指導を行う。店長にとっては頼もしい相談役であると同時に、厳しいお目付役だ。業種や会社にもよるが、店長を経験したのち、社内の資格試験をパスしてスーパーバイザーとなることが多い。

スーパーバイザーが面倒をみる店舗は、自社の直営店とは限らない。フランチャイズ展開を行っている場合、それまで小売業や接客を経験したことのない人がオーナーになるケースもある。そのとき、スーパーバイザーは本社の教育担当者とともに、オーナーが経営者として自立できるよう継続的なアドバイス・教育を行っていく。

どんな能力やスキルが求められるか?

■経営や会計、マーケティング、人材教育などの知識・スキルが必要となる。入社後に学ぶことができるが、学生時代から勉強をしておくと有利。

■店長にアドバイス・指導をする立場なので、あらゆる面において店長を上回る知識や判断力が要求される。勉強し続ける意欲が欠かせない。

STEP 3 会社研究に取り組む

業界・職種志望が固まったら、次は会社研究に集中しましょう。応募したい会社（＝ESを提出したい会社）を絞り込んでいく作業になります。

① 会社ウェブサイト（ホームページ）

各会社が有するウェブサイトで会社研究を行うことは、有益な作業です。業界と仕事の理解の深まりにつながり、**他社の事業ビジョンなどをヒントに、志望会社への提案を組み立てていくことにも使えます。**会社のウェブサイトは情報の宝庫といえるでしょう。

ただ、ウェブサイトそのものは、就職活動中の学生だけを対象に作られているわけではありません。一般の消費者や株主に向けた情報も掲載されているので、自分に必要な情報を効率よくピックアップしていくことが大切です。まずは、ウェブサイトのトップにある「採用」「リクルート」「新卒採用」などをクリックしてみましょう。

また、特に志望度の高い会社については、重要と感じた部分をスクリーンショットしながら読むことが大切です。

会社の過去～現在～未来を研究する

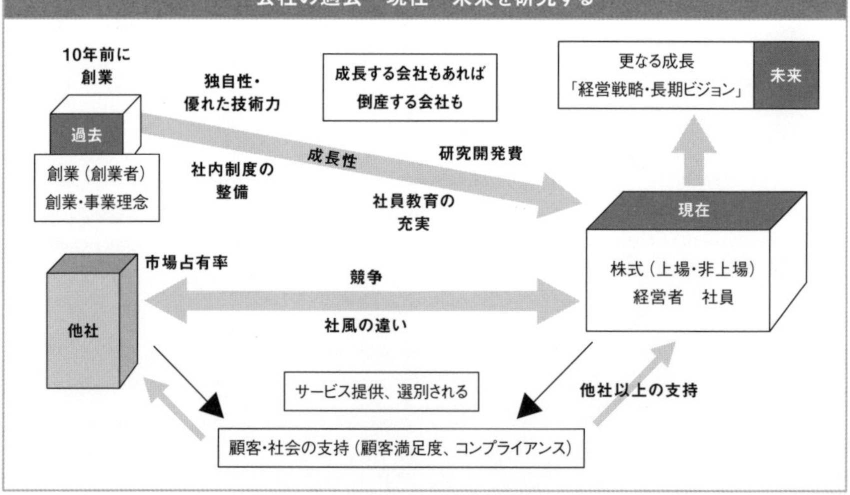

② 会社をより理解するためのポイント

就職活動では会社志望動機が大切で、自分が志望する企業について、より深く知っておく必要があります。

しかし、一言に会社といっても、要素がたくさんあり過ぎて、何から理解していけば良いのかが分かりません。そこで、起業したての標準的な会社が発展していく過程を次の8項目に分けてみました。まずは、この中から関連する要素を探っていってみましょう。

❶事業の出発点	会社を興す時の理想や、事業を通して目指している目標 **→創業理念、事業理念を調べてみましょう**
❷発　展	なぜ小さな会社が大きくなれたのか **→独自性や優れた技術・商品・経営力を調べてみましょう**
❸拡　大	社員が増え、会社を運営していくためのルールが必要 **→社内制度を調べてみましょう**
❹更なる発展	会社の質を高め続けることが大切 **→社員教育、研究開発費を調べてみましょう**
❺社会認知	社会に認知されながら発展のための資金調達の道を選択 **→株式上場、顧客満足度向上を調べてみましょう**
❻責　任	社会での責任ある立場を自覚 **→コンプライアンスの遵守を調べてみましょう**
❼安　定	生え抜きの社員による気風が確立されていく **→社風を調べてみましょう**
❽進　化	更なる発展、時代への適応を心掛けて取り組む **→中長期事業ビジョンを調べてみましょう**

③ 業績と顧客を調べ会社の実力を類推する

売上100億円のA社とB社があったとします。さて、売上規模が同じであれば、両社の将来の有望度や魅力は同じなのでしょうか？　答えは同じではありません。

会社選びに当たっては、売上だけでなく**利益**も調べてみることが大切です。企業は利益を上げてこそ、将来に向かっての設備・研究開発投資を行えるわけですから、利益の大きな会社が有望と言えます。

また、単年度の売り上げ・利益（＝業績）だけでなく、過去5年間ほどさかのぼって、**複数年の業績の推移**を比較してみましょう。過去から現在までの売上や利益が、年々増加しているのか？　横ばいなのか？　減少しているのか？　ということを比較することで、将来の成長性の差を推測することができます。

更に、抱えている**顧客**も比較してみましょう。例えば、取引先を厳選できる大手・有名企業を顧客に抱えている企業は、そうではない企業よりも信用度が高く、商品や技術・ノウハウにおいて高い付加価値を持っているのでは？　と類推することができます。

④ 売上高の中身（事業分野・開発分野比率）を知る

「ソフトウェア開発A社、売上高100億円」この情報をもとに、同業他社と比較すれば規模の大小を判断できますが、それだけでは会社を理解したことにはなりません。売上高の中身を知ることが大切なのです。

例えば、あなたが宇宙分野の開発に携わりたいならば、売上高100億円の何割を希望する開発事業の分野が占めているかを調べましょう。もしも0％ならば、あなたが志望すべき会社ではないわけです。逆に、売上高1億円のベンチャー企業でも、その100％を宇宙関連の開発が占めていれば、希望の仕事に就ける可能性も高くなるため、あなたにぴったりの会社だといえます。

⑤ 先輩社員の紹介には志望動機のヒントが満載

経験のない仕事に対して、想像力を働かせていくのは難しいものです。想像するには知識を得ることが必要で、知識が増えればより精度の高い想像を巡らせられるようになります。その助けとなる企業情報や業務内容を知るための近道がOB・OG訪問です。

OB・OG訪問ができない場合は、会社のウェブサイトの「先輩社員紹介記事」を読みましょう。採用担当者が監修したものだけに、企業がアピールしたいポイントがちりばめられていて、会社の良さを理解するには、とても参考になります。

仕事やキャリアビジョンに関する研究なら、同業他社の先輩紹介記事の内容も参考になります。特に**志望職種を担当する社員の記事を読みましょう。**キャリアビジョンを形成していく上でのヒントが満載です。

また、「企業選択理由」「社風」「やりがい」に関連する記事も会社志望動機を組み立てていく上で参考にしましょう。

先輩社員の紹介記事ではこんな内容をチェック

・開発工程での製品作りへのこだわり　・技術力や製品力に対する誇り
・研究開発の内容　・品質管理への取り組み　・これまでのキャリアステップ
・入社後に得たチャンス（若手へのチャンス）　・ビッグビジネス経験談や仕事のやりがい
・お客様とのシーンや一日の仕事風景（各職種）
・会社を選んだ理由、会社の良いと思うところ　・教育制度

⑥ 会社説明会

インターネット経由でのエントリーが興味を示す段階であるものに対して、会社説明会への参加は実際に選考を受けたいとの意思を示す行動ともなるので、非常に重要なイベントとなります。

ウェブサイトからは分からない雰囲気を、肌で感じ取れる場でもあり、その点からも軽視はできません。受付から、会議室までに出くわす社員の様子などを、しっかりと観察しましょう。

（ESを説明会前に課す企業もあれば、例えば1次面接終了後に課す会社もあります）

⑦ 組織図

会社の組織図とは会社全体を理解できるものです。一見、単なる図のようですが、必ずこの組織図の中の、いずれかの部署に配属されること、また数年後に人事異動の辞令が出ても、このいずれかの部署に配属されることなどを考えると、重要な情報が図式化されていることが分かります。

また、大企業ほど業務内容が複雑になるので、この組織図を活用し、全体像理解のためのツールにしましょう。

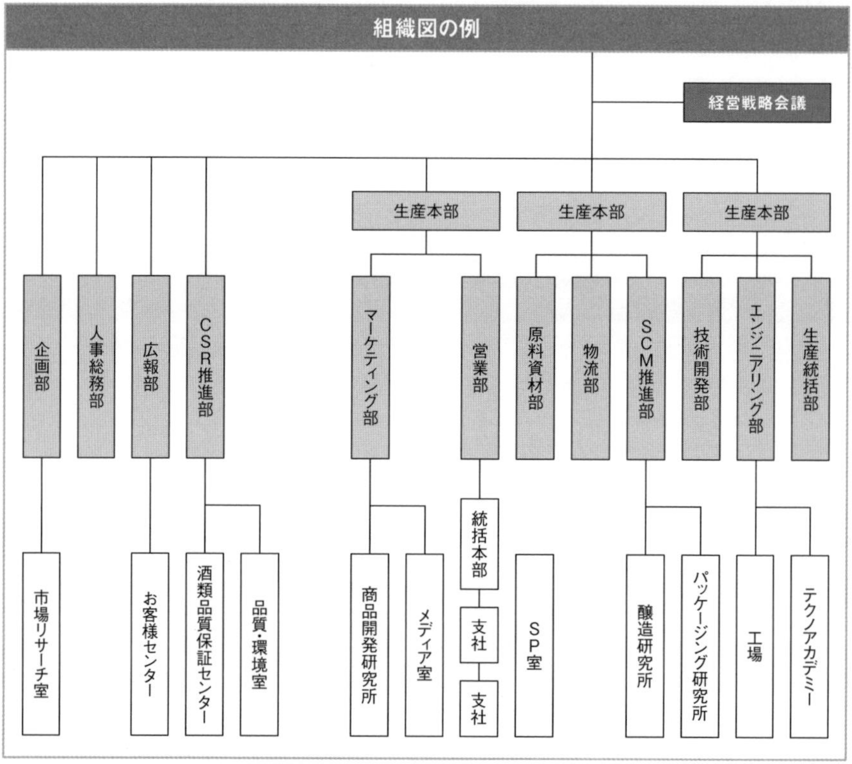

集めたネタを整理する

自己分析で自分のネタを自分の引き出しに整理整頓したように、志望動機関連の引き出しを新たに作り、調べた「業界・職種・会社」の知識を、志望動機のネタとして整理しておきましょう。

つまり、あなたは「自己PR」と「志望動機」の2つの大きな引き出しを持つことになるのです。

志望動機は「業界・職種・会社」によって異なってくるものです。ですから、業界研究の成果を整理するシート、職種研究の成果を整理するシートは、それぞれの業界や職種ごとに作っていきましょう。会社研究の成果を整理するシートでは、各社の特徴が一目で分かるよう数社を併記しておくと、志願順位を決めていく際などに比較しやすく便利です。あなたと会社の接点を整理するシートは、選考を受けたい会社のものを作成しておけば、そのままESの志望動機欄に記入できます。

本書のワークシートのようなフォーマットをパソコンで作成しておけば、ウェブエントリーなどにも活用できるでしょう。

SHEET

業界研究の成果を整理するシート

・少なくとも3業界は作成しよう　・業界関連記事が特に大切

内定者の実例

（　食品　）業界とは	・一言で食品といっても、メーカーや卸があり、私はメーカーを志望している
どんなお客様と接するのか	・お客様は、法人と一般消費者に分けられる ・法人は、スーパーやコンビニ、チェーンレストラン。私は、法人に興味がある
どんな問題・ニーズに対して	・レストランのお客様に安全でおいしいものを提供したい。しかし、大量の食材すべての安全性をチェックすることはできない ・食材を安定的に供給してほしい。手軽で簡単に調理できるものがほしい ・健康に良いものを食べたい
どう取り組み、解決する（貢献する）	・原料の確保及び安全性の確認を、責任を持って行う ・原産地や原材料の情報を正確に提供する ・バイオ技術などを駆使して、新商品を積極的に開発する ・生産地を確保し、安定的に生産・供給できる態勢を整える
どこに興味を引かれたか	・人々の生活に欠かせないものを提供する責任の重さにやりがいを感じた ・人々に身近な食品を通して、人々の生活を豊かにできることが素晴らしいと思った
最近の業界関連記事で興味を持ったもの	・品質管理の問題 ・マグロなど魚の確保が難しくなってきていること
関連記事を読んで見つけた専門用語1	・HACCP（食品の製造過程の管理に関する手法）
関連記事を読んで見つけた専門用語2	・トレーサビリティー（食品の安全・安心のために、生産者や使われた飼料などを追跡できるシステム）

実際に書いてみよう

(　　　　)業界とは	
どんなお客様と接するのか	
どんな問題・ニーズに対して	
どう取り組み、解決する(貢献する)	
どこに興味を引かれたか	
最近の業界関連記事で興味を持ったもの	
関連記事を読んで見つけた専門用語1	
関連記事を読んで見つけた専門用語2	

SHEET

職種研究の成果を整理するシート

・少なくとも3職種は作成しよう　・その職種に生かせる自分の能力が特に大切

内定者の実例

職種（　営業　）とは	・個人向けと企業を相手にした法人向けに分かれており、アルバイトでの接客の経験が生かせる個人向け営業を志望している。
この職種の醍醐味は	・会社の顔という重要な立場で仕事ができる ・さまざまな人と出会える可能性がある。人脈を広げられる ・お客様のニーズを満たし、喜んでいただけたり、感謝されたり、信頼されたり、頼りにしてもらえる点が素晴らしい ・苦労は多いが、大きな契約成立時などは、それに見合った満足感と報酬が待っている
つらいこと。そのつらさを自分のどんな糧にしたいか	・高い目標を設定して働かねばならない。このつらさを糧にして、強い精神力と実現力を身につけたい
どんな能力が必要か（身につくか）	・コミュニケーション能力 ・御用聞きではなく提案姿勢が必要 ・粘り強さが身につく
一日のイメージ	・お客様にアポを取り訪問。お客様の抱える問題やニーズに耳を傾け、帰社後、解決案を示した企画書や提案書を作成する。難しい場合には上司に相談し、アドバイスをいただく
その職種で生かせる自分の能力	・コミュニケーション能力 ・積極性や明るさ ・アルバイトで鍛えた奉仕の精神
職種で生かせる能力に関連するエピソード	・アルバイト先では、多くのお客様から、応対が丁寧で、心地良く買い物ができる、褒められることも度々
入社後、成長のためにどんな自己研鑽を積んでいくか	・先輩社員が、どのような企画書や提案書を作っているかに関心を持ち、一日も早く自分一人で作成し、プレゼンできるようになりたい
活躍宣言	・同期の中でトップになってみせる! ・5年以内に、会社No.1の年間営業成績を実現するぞ! ・お客様から指名されるようになってみせるぞ!

実際に書いてみよう

職種（　　　　　）とは	
この職種の醍醐味は	
つらいこと。そのつらさを自分のどんな糧にしたいか	
どんな能力が必要か（身につくか）	
一日のイメージ	
その職種で生かせる自分の能力	
職種で生かせる能力に関連するエピソード	
入社後、成長のためにどんな自己研鑽を積んでいくか	
活躍宣言	

SHEET

会社研究の成果を整理するシート

・パソコン上で、5社程度並べて比較できるシートを作成しよう

内定者の実例

	(A社)	(B社)
創業・事業理念	インターネットで社会の効率化を推進する	顧客・社員と共に繁栄する会社を目指す
独自性や優れた技術・商品・経営力	インターネット決済システムに強みがある	幅広い分野に事業を拡大中
興味を持った社内制度	上司だけでなく同僚からも評価される制度	異動配属希望を自己申告できる制度
社員教育、研究開発への取り組みで印象に残ったこと	自己研鑽補助金制度がある(活用したい)	研究開発費が多い(売り上げ高の5%)
上場・非上場	東証プライム上場	非上場
顧客満足向上への取り組み	社長自らが顧客を積極的に訪問し要望を聞いている	新技術の取り込みを積極的に推進し、お客様に最高レベルのものを提供
社会貢献の意識は感じられたか	メセナ活動を行っている	説明会で、社会そのものが最大のお客様と語っていた
社風について	社員からの意見や提案を大切にする社風	自由でアットホームな社風
中長期事業ビジョン	欧州にM&Aによって積極進出予定	5年以内に東証グロース上場を目指す
売上の中身(売上に占める事業比率や研究開発費比率)	インターネット関連 62% クレジット関連 20% メディア関連 10% 他	インターネット関連 30% ソリューションビジネス 26% コンテンツ関連 20% 他
説明会で垣間見た会社の雰囲気	社長自ら熱く語っていた。活気が感じられた	若手社員がはつらつとしていた。若手にチャンスがありそうだ
説明会での人事の印象	説明会が大規模で、特別な印象はない	優しく声を掛けてくれた。一人一人を、しっかりと選考してくれそうな印象を受けた

実際に書いてみよう

	( )	( )
創業・事業理念		
独自性や優れた技術・商品・経営力		
興味を持った社内制度		
社員教育、研究開発への取り組みで印象に残ったこと		
上場・非上場		
顧客満足向上への取り組み		
社会貢献の意識は感じられたか		
社風について		
中長期事業ビジョン		
売り上げの中身(売り上げに占める事業比率や研究開発費比率)		
説明会で垣間見た会社の雰囲気		
説明会での人事の印象		

SHEET あなたと会社の接点を整理するシート

志望動機の文章作成に必要なネタを整理する作業も、いよいよ最終段階です。ここでは、あなたが志望会社を研究した成果、特に注目した特徴や共感したことなどを会社ごとに整理します。これによって、あなたと会社の接点となるネタが整理されたシートを作成することができます。

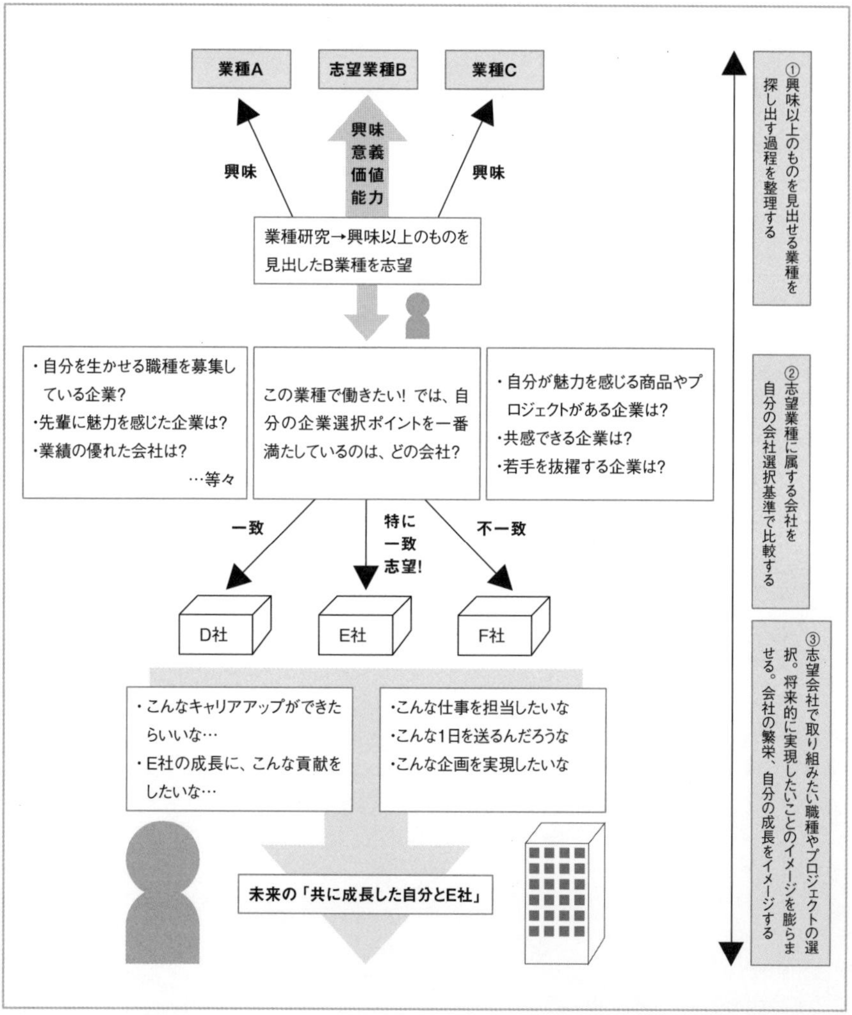

内定者の実例

（　A　）社に興味を持ったきっかけや選んだ理由	大企業5社と取り引きをしているが、社員数はまだ300人と少なく、これから伸びていく有望企業と感じたから
興味のある製品や番組、プロジェクトなど=配属を希望する部署やチーム	医療分野のシステム開発プロジェクトに興味。医療診断分析支援システム開発プロジェクトチームを希望
（　A　）社の強み	規模は小さいが、大企業と取り引きできる技術力がある
（　A　）社の特徴を3つ以上	・利益率が高い　・社員からの提案を重視 ・若い会社なので若手にチャンスがたくさんある
自分の会社選択基準の何と一致しているか？	・成長性　・仕事内容　・社風（若手を抜擢）
（　A　）社ウェブサイトで特に強調されていたこと	これからの会社であり、社員全員で会社を作っていく気持ちを大切にする
将来、この会社をどのようにしていきたいか？	業界トップクラスの会社に大きく成長させたい
特に印象に残った先輩社員のコメント（OB・OG訪問やウェブサイト内の先輩社員紹介記事を参考に）	仕事は楽しくやるもの。楽しくなければ、素晴らしいものは作れない
志望職種とその理由	志望職種→SE 理由→自分が直接システム作りを担当できるから
事業理念や社長からのメッセージなどに共感する気持ち	社員全員で会社を作っていくというメッセージに共感している。私もサークルの幹部経験を通して、全員参加の大切さを感じたので、入社できたら、会社の経営にも積極的に参加したい
（　A　）社への提案	システムは世界共通のものとも言えるので、高度外国人材採用も積極的に行い、国際色豊かな、幅広い人材を持った会社を目指すことを提案したい
5年後、10年後の目標キャリア	5年後→チームリーダー 10年後→技術者教育を担当できるくらいのエキスパートになっていたい

実際に書いて、志望動機を整理してみよう

(　　　)社に興味を持ったきっかけや選んだ理由	
興味のある製品や番組、プロジェクトなど=配属を希望する部署やチーム	
(　　　)社の強み	
(　　　)社の特徴を3つ以上	
自分の会社選択基準の何と一致しているか?	
(　　　)社ウェブサイトで特に強調されていたこと	
将来、この会社をどのようにしていきたいか?	
特に印象に残った先輩社員のコメント(OB・OG訪問やウェブサイト内の先輩社員紹介記事を参考に)	
志望職種とその理由	
事業理念や社長からのメッセージなどに共感する気持ち	
(　　　)社への提案	
5年後、10年後の目標キャリア	

memo

2 「職種」ごとに志望動機を作成しよう

「職種」に対する志望動機とは?

ESで記入することになる志望動機は、大きくは「職種志望動機」と「会社志望動機」の2つに分けられます。ここでは職種志望動機について説明します。職種とは、会社を機能させていくために必要なさまざまな職務のことで、例えば「営業」「販売」「経理」「生産管理」「設計」…と、数多くの職務が会社には存在しています。

職種志望動機の内容では、**十分に検討した上で職種を選択し、志望していることを印象付ける必要があります。**その印象付けのために必要なのが、それぞれの職種の仕事内容をしっかりと理解した上で記述することです。会社ウェブサイトで募集している職種は、担当する先輩の紹介記事を通してその仕事内容を詳しく説明している企業が多いので、しっかりと読んでおきましょう。

仕事の魅力と醍醐味をまず理解する

仕事の内容を理解するには、まず仕事の魅力・醍醐味を感じ取ることが一番でしょう。しかしESでは、魅力・醍醐味について、ほとんどの人が同じような表現で記述しているという現状を押さえておきましょう。従って、オリジナリティーを持たせ他の学生との差別化を図る必要があります。

自分の強みを盛り込む

職種志望に自分の強みをネタとして盛り込みましょう。志望するに当たっては、職種内容を十分に検討しておくと共に、その職種にいかに自分が向いているかを印象付ける必要があります。なぜなら、「楽しそうに思えたけれど、やってみると自分には向いていなかった」との理由で、入社3カ月もしないうちに会社を辞めてしまう人がいるからです。これは、辞める側はもちろん、企業にとっても痛恨事なのです。採用担当者は、採用を検討していくプロセスで、**常に学生全員に対し「合わないから辞める、ということにならないか」との不安を捨て切れずにいるといっても過言ではありません。**ですから、職種志望動機の内容には「自分に向いている職であることを確認済みです」という印象を与え、安心させることが重要なのです。

そこで次のステップでは、自己分析で確認した自分の強みを、職種とマッチさせる記述も含めながら職種志望動機を作成していきましょう。

STEP 1 志望職種を明確にする

志望する職種をまず明確にします。その際には、その仕事の内容をきちんと理解しておくことが大切です。

あなたが志望する職種は?	(例)営業

下記に代表的な職種とその特徴を挙げます。STEP3で、自分の強みと対応させる時に活用しましょう。同じ内容の仕事であっても、それぞれの会社によって職種名が異なる場合があるので、その会社での職種名を確認しましょう。

代表的な職種と特徴

職種名	特徴(STEP3で、自分の強みと対応させる時に活用しよう)
営業	会社の代表として顧客に商品の説明や提案をして、受注に結びつける。フットワークの良さと、会社の商品やサービスに対する豊富な知識を身につけることが必要。また、顧客との価格交渉といったシビアな場面での交渉能力、コミュニケーション能力も必須。
接客	毎日多くのお客様と接する仕事。礼儀正しく、また笑顔で常に応対することが要求される。人と接することが好きな人には向いている。店長、バイヤーへとステップアップしていくための最初のステップとなる職種でもある。
システムエンジニア	IT業界の花形ともいえる職種。顧客の業務知識やシステムに関する知識と共に、論理的な思考能力とコミュニケーション能力が求められる。仕事はチーム活動であり、仲間と協力して作り上げていくことが、この仕事の醍醐味の一つ。
プログラマー	システムエンジニアの設計した仕様書に基づき、プログラミングを行っていく。プログラムは一つのミスでも動かないため、緻密に取り組み続けられる性格が必要。
事務	社内で、営業など他の職種の仕事をサポートする。書類を正確に作成・処理・整理していく。裏方的仕事ととらえられがちだが、企業活動の基盤となる。また、企業の拡大・効率化を担う部分が大きく、その意味で最も迅速さが要求される仕事ともいえる。更に、全体の動きを見渡せる立場だけに、仕組みや処理の改善をしていける創造的な職種でもある。

STEP 2 志望職種に感じている魅力を明確にする

魅力を感じていることが志望する理由となります。それがどのような魅力なのかをまず明確にしていきます。

魅力を感じている理由	(例)実力主義で、結果が明確に出る仕事だから。多くの人に自分からコミュニケーションしていけるから。企画提案や情報提供を通して顧客に貢献できるから。

下記のワークシートに、志望職種とその魅力・醍醐味と感じられることを書き込んでみましょう。

志望職種とその魅力・醍醐味を書いてみよう

志望職種	魅力・醍醐味

STEP 3 自分が志望職種に向いている理由を明確にする

自分の能力や強みを仕事に結び付けて、この仕事に向いているということを明確にしていきます。どのような強みがあるのか、自己分析を振り返りながら挙げていきましょう。

自分の強みとは何か? ▶ （例）コミュニケーションを図ることが得意、好き。

下記のワークシートに、志望職種で生かせる自分の強みを書き込んでみましょう。

志望職種で生かせる強みを書いてみよう

志望職種	生かせる自分の強み

この手順で整理しておくと、下記の職種志望動機を作成できます。これが職種志望動機の基本形となります。

職種志望動機の基本例

私は営業を志望します。その理由は、実力主義で結果が明確に出る仕事であること、自分が考えた企画を提案できること、有益な情報を提供することを通して顧客に貢献できるからです。また、私の強みはコミュニケーション能力であり、この強みを生かせる仕事であることも大きな理由です。

3 「職種」ごとに志望動機を発展させよう

職種志望動機を発展させる一番の狙いは?

職種志望動機の基本形を、発展させることに取り組みましょう。この発展編での一番の狙いは、職種志望動機を通して自己PRを行うことにあります。これによって、採用担当者に自分をより印象付けられます。

STEP 1 強みのエピソードを加える

基本形では、自分の強みと職種をマッチさせました。その内容に具体的なエピソードを加えて説得力を強めていきましょう。

● 強みを発揮したエピソードの例

アルバイトでは、自分からお客様に話しかけ商品を販売してきた。これによって初対面の人に話し掛け打ち解けることが得意になった。店長から、お客様へのアプローチがうまいと褒められたことが自信になっている。

P.181に記載した「職種志望動機の基本例」に
「強みを発揮したエピソード」のネタを加えてみると…

発展形①

私は営業を志望します。その理由は、実力主義で結果が明確に出る仕事であること、自分が考えた企画を提案できること、有益な情報を提供することを通して顧客に貢献できるからです。

また、私の強みはコミュニケーション能力であり、アルバイトでは、自分からお客様に積極的に話し掛けることを心掛けました。この取り組みによって、ますます初対面の方と打ち解けることが得意になり、店長から「お客様へのアプローチが上手」と褒められたことが自信にもなりました。

この私を生かせる、と確信できたことも営業を選んだ大きな理由です。

STEP 2 所属したい具体的プロジェクト名、部署名を盛り込む

特に担当したい対象（製品や顧客種類）を明確にしていきましょう。そこで「所属したい開発プロジェクト名」「担当したい商品名」「担当したい顧客名や分野、地域」などを一つでも盛り込み、具体的に「私は清涼飲料部門の営業を志望します」などと記述することで、「営業で頑張りたいです」程度の回答と一線を画すことを目指します。

また、この記述によってより明確な仕事のビジョンで就職に臨んでいる姿勢もアピールできます。

STEP 3 OB・OGや社員訪問などの仕事研究をアピール

採用担当者はOB・OGや社員訪問など、深く仕事研究する、就活生の姿勢を高く評価します。そこで、OB・OGや社員訪問などの活動を行った人は、その活動を通して得たネタをアピールしましょう。

基本形に、「志望部署やOB・OG 訪問」ネタを加えてみると…

発展形②

私は**清涼飲料部門**の営業を志望します。その理由は、実力主義で結果が明確に出る仕事であること、自分が考えた企画を提案できること、有益な情報を提供することを通して顧客に貢献できるからです。

また、私の強みはコミュニケーション能力であり、この強みを生かせる仕事であることも大きな理由です。

更に、就職活動を通して、営業を担当されている方から仕事についてお話を聞く機会をいただきました。社員の方から「営業に向いている」と太鼓判を押されたことも、営業を選んだ大きな理由です。

STEP 4 キャリアビジョンを加える

基本形にキャリアビジョンを加えてみましょう。企業は、ビジョンを持って志望している人を求めています。

基本形に、「キャリアビジョン」のネタを加えてみると…

発展形③

私は営業を志望します。その理由は、実力主義で結果が明確に出る仕事であること、自分が考えた企画を提案できること、有益な情報を提供することを通して顧客に貢献できるからです。

また、私の強みはコミュニケーション能力であり、この強みを生かせる仕事であることも大きな理由です。

そして、営業経験を5年積んだ後は、エリアマネジャーを担当したいと思っています。管理能力と部下の指導能力を身につけ、より経営者としての能力を磨いていきたいと考えています。

STEP 5 仕事の厳しい面を認識した上で活躍宣言を加える

仕事には必ず厳しい側面があります。採用担当者はその厳しさから目を背け、**良いイメージだけを抱いて志望している人は、「ちょっと厳しいことがあると続かないのでは?」と考えています。**そこで、「私は厳しい側面も踏まえた上で志望し、そして活躍してみせます」と宣言を加えて、採用担当者を安心させると共に期待させましょう。

基本形に、「活躍宣言」のネタを加えてみると…

発展形④

私は営業を志望します。その理由は、実力主義で結果が明確に出る仕事であること、自分が考えた企画を提案できること、有益な情報を提供することを通して顧客に貢献できるからです。

また、私の強みはコミュニケーション能力であり、この強みを生かせる仕事であることも大きな理由です。

もちろん、営業には目標があり、その達成度が数字で明確に表れる言い訳ができない厳しい仕事であることも認識しています。しかし、最も柔軟な吸収力を発揮できる入社時点から営業を担当することで、必ず成長し、3年以内にトップの成績を残してみせます。

よろしくお願いいたします。

STEP 6 あえて苦手に触れ、自己研鑽の姿勢をアピールする

強みがすべてのシーンで発揮できるわけではなく、苦手なこともあるはずです。そこで、あえて苦手なことに触れた後で、自己研鑽の姿勢をアピールしましょう。これが一般的な回答と明確に差別化され、自分を印象付けることにつながるのです。

基本形に、「自己研鑽の姿勢」のネタを加えてみると…

発展形⑤

私は営業を志望します。その理由は、実力主義で結果が明確に出る仕事であること、自分が考えた企画を提案できること、有益な情報を提供することを通して顧客に貢献できるからです。

また、私の強みはコミュニケーション能力であり、この強みを生かせる仕事であることも大きな理由です。

一方で、私は理系のため、経済学部の学生と比較して金融の知識は少なく、この仕事に取り組む上での弱点になっていると認識しています。それでも金融システムといえば、最も大きく複雑なシステムで、やりがいを感じます。現在、書籍などで少しでも金融に対する知識を深めようと努力しております。

職種志望動機作成のまとめ

職種志望動機を充実させることを通して、職の奥深さ（醍醐味や大変さ）に気付くことができたのではないでしょうか？　職とはあなただけの財産となるキャリアを提供してくれます。このキャリアがあれば、会社に依存せず、主体的にビジネス社会を生きていくことが可能となります。ぜひ、自分を生かしつつ、大きな財産を獲得できる職種選択にこだわり、良き仕事人生を築いてください。

memo

4 「会社」ごとに志望動機を作成しよう

「会社」に対する志望動機とは?

会社志望動機は、選考合否に最も影響を与えるものだけに、志望する会社それぞれの特徴や希望する職務・仕事内容に合わせて組み立てていかなくてはなりません。「御社は業績も良く、社風も良く、立派な社会貢献をされている企業であり、素晴らしいと感じたので志望します」。このような、どの会社にも当てはまる、そして取り組みたい仕事がぼやけた内容では、まず間違いなく不合格となってしまうでしょう。

会社の隅々まで研究する時間と合わせると大変な時間と労力がかかりますが、手間を惜しむことなく取り組みましょう。

会社志望動機を作るための3つのポイント

会社志望動機とは、言ってみれば「会社に好感を持っている理由」を示すことです。しかし、そのままストレートに表現しても幼稚な内容となり、評価されません。「その会社が好き=消費者やお客様の立場」と社員の立場はまったく異なるということを理解した上で取り組みましょう。

そのためには、次の３点が必要になってきます。

ポイント1 会社選択基準を明確にする

本命企業の志望動機を記述するには、本命企業の研究だけでは不十分です。よって、会社志望では、まず自分の会社選びの基準を持った上で記述することが大切です。会社選択基準には次のようなものがあります。

・自分のやりたい仕事ができる会社　・働きがいのある会社
・社風や人間関係が良い会社　・事業や経営理念に共感できる会社
・成長できそうな環境がある会社　・仕事と個人の生活を両立できる会社

こんな点から理想の会社をチェック

○志望する会社が自らアピールしているポイント

・会社の強み（技術力・商品力・経営状態・クオリティー）→志望動機に直結する
・今後の経営戦略→ビジョンを提示しない会社は将来が見えていない?　危ないかも
・業界内での位置付け　・商品の市場占有率　・過去5年の売上拡大などの業績
・事業分野→大企業＝裾野が広い、中小企業＝特化し絞り込まれている
・社風を表す状況やキーワード→（例）「役職名を廃止し、『さん』づけで呼び合う」「社長室の扉がいつも開いている」「出る杭は伸ばす」など

○特徴的な社内制度　同じような名称の制度でも内容は意外と違う

・評価制度や提案奨励制度　・360度評価制度　・目標管理制度
・新人一人に先輩が一人つくマンツーマンOJT　・FA制度　・育児休暇制度
・再雇用制度　・接客マナーコンテスト制度　・地域限定職採用制度
・職種別採用制度　・自己啓発支援制度＝自己研鑽補助制度　・起業支援制度
・ジョブ・ローテーション制度　・選択定年制（希望すれば75歳まで働ける）
・1年に2回、2週間の連休が取れる制度

○会社像を具体的にイメージできる数字

・役職者の平均年齢→若手へのチャンスを求める人はここをチェック
・売上高経常利益率→企業は利益を上げてこそ存続できる、新商品への投資ができる、研究開発ができる、社員教育に投資できる、給料を払える。利益状況は重点チェック項目
・社員一人当たり売上高→一人一人の従業員の差が他社との総合力の差に
・研究開発費が売上に占める割合　・全社員の平均年齢　・全社員の平均年収
・商品アイテム数　・顧客数と顧客の規模　・管理職に占める女性の割合

実際に書いてみよう

あなたが重視する会社選択ポイントは?
(例) 社員を大切にしている会社で働きたい。特に社内制度に注目して会社を選びたい。

ポイント2 企業理念や社長のメッセージに着目する

なぜ感銘を受けるのか、自分の考えや価値観、夢などを加えることが重要です。「一致」や「共感」をキーワードにして、回答を組み立てると良いでしょう。「企業理念」「皆さんへのメッセージ」に共感してくれる学生ほど、採用担当者にとって、共に働きたいと思う仲間意識を感じる存在となるのです。

理念・メッセージの実例
・「楽観的に構想し、悲観的に計画し、楽観的に実行する」 ・「ライバルは、昨日の自分達。重要なのは、昨日と比べて自分がどう変わったか」 ・「来たれ! 世の中をひっくり返したい人」 ・「失敗をしない人は挑戦をしない人である」 ・「後味を売る (顧客がまた来たいと思える事業をしよう)」

実際に書いてみよう

あなたが共感した企業理念やメッセージは?
(例)「食品を通して人々の健康に貢献する」という事業理念

ポイント3 考え・価値観を整理しておく

選択基準を絞り込んだ後、「なぜ自分はこの選択基準を重視するのか」を説明できるように、自分の考え、価値観を整理しましょう。例えば、「私は実績主義の会社で働きたいと考えています。なぜなら、私は実績主義の会社で成長することが、最も自分に自信が持てることにつながると考えるからです」というように、内容を順序立てて整理することが大切です。

企業選択と関連する価値観の例

自分の価値観	マッチする会社像
若いうちから活躍したい	役職者の平均年齢が若い
風通しの良い会社で働きたい	社長室のドアを開放している
社会に大きな影響を与えられる会社で働きたい	企業規模や業界内での位置づけで判断
自分が成長できると感じられる会社で働きたい	目標管理制度がある
誰もが活躍できる会社で働きたい	希望する部署への異動を申請できる制度がある
挑戦的な会社で働きたい	「楽観的に構想し、悲観的に計画し、楽観的に実行する」という企業理念

実際に書いてみよう

あなたが重視する会社選択基準と志望会社が一致する具体的ポイントは?
(例) 成長できる会社であることを重視している。 この会社には、上司が社員一人一人と面談をして目標を設定する制度がある。

ポイント❶～❸のように整理しておくと、明確な意思を伝えられる下記のような志望動機を作成することができます。これが会社志望動機の基本形になります。

会社志望動機の基本例

私は、大学で学んだ食物栄養の知識を生かしつつ、成長を一歩ずつ確認しながら仕事がしたいと考え、就職活動を行っています。御社を志望する理由は、上司が社員一人一人と面談をして目標を設定する制度があるからです。加えて、御社が掲げている「食品を通して人々の健康に貢献する」という事業理念に共感していることも志望理由の一つです。

memo

5 「会社」ごとに志望動機を発展させよう

力不足の会社志望動機を発展させる狙い

会社志望動機も基本形のままでは力不足です。そこで、基本形を発展させる作業に取り組んでいきましょう。

STEP 1 会社を積極的に背負う意識を示す

採用とは、長期的な視点で行われます。つまり、「会社の将来を共に担ってくれる人」を採用するものなのです。ですから、「自分のキャリアアップには熱心になれるけれど、会社の将来には興味ない、いずれは転職か独立希望」という人は、たとえどんなに能力が高くても、会社の求める人材像とはマッチしていないのです。

これらから、**会社を背負い頑張る意識を示すことが採用担当者の満足度を向上させることが分かります。**満足度が高ければ、内定に近付けるわけですから、積極的に会社を背負う意識を記述しましょう。こうした気持ちにさせてくれた会社と出会えた時ばかりでなく、志望する会社のすべてに、**このような気持ちを持つよう努力**しましょう。これが、あなたの就活を成功に導く秘訣です。

会社を背負う意識の具体例

・現在、御社は業界で第3位の規模ですが、私は御社をトップにするために頑張ります。
・私は営業を通して、御社の素晴らしさを、一人でも多くの人に広めていくつもりです。
・最高の製品を世に送り出すことに力を注ぎ、御社の技術力の高さを世界に知らしめてみせます。
・同僚の方々が気持ちよく働ける社内環境の実現やサポートに努力し、今よりも、素晴らしい会社作りに貢献してみせます。

P.192に記載した「会社志望動機の基本例」に
「会社を背負う意識」のネタを加えてみると…

発展形①

私は、大学で学んだ食物栄養の知識を生かしつつ、成長を一歩ずつ確認しながら仕事をしたいと考え、就職活動を行っています。御社を志望する理由は、上司が社員一人一人と面談をして目標を設定する制度があるからです。加えて、御社が掲げている「食品を通して人々の健康に貢献する」という事業理念に共感していることも志望理由の一つです。

私は、営業を通して、御社の素晴らしさを、一人でも多くの人に広めていくつもりです。よろしくお願いいたします。

STEP 2 入社して取り組みたいことを示す

会社は、頭数を揃えそこから社内で教育するわけではありません。明確なビジョンを持った人を採用し、社内教育で「後押し」していくものです。

そのため、企業は「取り組みたいこと」を明確に持っているかを、何度も繰り返してチェックします。しかし、多くの学生が「○○業界で働きたい」というビジョンは持ってはいても、**その会社内での具体的な仕事ビジョンを示しきれてはいません。**

「私は商社の海外との取り引きに興味があります。総合商社の御社には、幅広い事業の裾野があるので、特に志望しています」というようなものが典型的な例です。総合商社といっても、「鉄鋼」「エネルギー」「ライフスタイル」「食料」「情報」「化学」など、本当に幅広い事業を展開しています。そして、「明確なビジョンを持つ」とは、このさまざまな事業分野の、何を一番に行いたいのか、関心を持っているのかを示せる状態にあるということです。

従って、会社案内やウェブサイトの「事業案内」で確認しておくことが大切です。ただし、その中から何かを選びESに記述することは簡単ですが、それが面接で質問されることを考えれば、どの分野の仕事が具体的にどう行われているか調べておく必要があります。例えば企業のウェブサイトでは、次ページのように説明されています。

事業案内からのビジネス分野の紹介例	
アウトソーシング サービス分野	給食事業、ユニフォームレンタル事業、ファシリティーサービス事業、人材・教育サービス事業
医療・ヘルスケア サービス分野	介護関連事業、クリニックモール事業、医療情報サービス事業
不動産・住宅関連 サービス分野	マンション分譲事業、大規模複合都市開発事業、プロパティーマネジメント事業、商業施設開発事業、海外不動産関連事業、住宅建材流通事業
メディア関連 サービス分野	放送事業、番組供給事業、TVショッピング事業、映像・ゲームソフトなど各種コンテンツ事業、アミューズメント事業、インターネット関連サービス事業

P.192に記載した「会社志望動機の基本例」に
「入社して取り組みたいこと」のネタを加えてみると…

発展形②

私は、大学で学んだ食物栄養の知識を生かしつつ、成長を一歩ずつ確認しながら仕事をしたいと考え、就職活動を行っています。**御社に入社できましたら、栄養食品部門で働きたいと考えており、その理由は、大学で得た知識を生かせるだけでなく、日本の高齢化が進んでいることも挙げられます。手軽にバランスよく栄養を補うことのできる食品に対するニーズが、ますます高まっていくと考えています。**

御社を志望する理由は、上司が社員一人一人と面談をして目標を設定する制度があるからです。加えて、御社が掲げている「食品を通して人々の健康に貢献する」という事業理念に共感していることも志望理由の一つです。

STEP 3 提案内容を加える

例えばビジネスの世界では、「単なる御用聞きの営業ではなく、提案営業を目指そう」といわれており、自ら付加価値を持ったアクションを相手に提供する姿勢が高く評価されます。これに倣い、就活でも積極的に提案してみましょう。

とはいえ、現役のビジネスマンでさえ難しい提案を、学生の立場でいかに行えばよいのでしょうか。志望する業界でインターンシップを経験した人、長らくアルバイトをしていた人ならまだしも、それ以外の人は、なかなか難しいのが現状です。

そこで取り組んでほしいのが、提案内容をやみくもに考えるのではなく、ヒントとなるものを探すことです。最も簡単なのは、下記の例のように、志望会社になく、他社にある魅力あるものを提案として加えることです。

> 社内のコミュニケーションを充実させる一つのきっかけに、上司だけでなく、同僚、部下、顧客からも評価を受ける360度評価制度を実践されてはいかがでしょうか。特に顧客の評価を意識することで、よりサービス精神がアップするというプラス効果も期待できます。

もちろん、日ごろから経済・企業関連ニュースに関心をもち、面白い新規事業の紹介があったら、それをヒントに事業提案をしてみましょう。

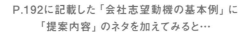

P.192に記載した「会社志望動機の基本例」に
「提案内容」のネタを加えてみると…

発展形③

> 私は、大学で学んだ食物栄養の知識を生かしつつ、成長を一歩ずつ確認しながら仕事をしたいと考え、就職活動を行っております。御社を志望する理由は、上司が社員一人一人と面談をして目標を設定する制度があるからです。加えて、御社が掲げている「食品を通して人々の健康に貢献する」という事業理念に共感していることも志望理由の一つです。
> **私は、御社で新たな商品作りに取り組みたいと考えています。最近、女性の間でコラーゲン飲料が注目されていますが、このようなニーズをとらえた飲料シリーズを充実させたいと考えております。**

STEP 4 価値観の一致を示す体験談を示す

人間関係でも、利害を超えた価値観で結びついた関係はより強固なものとなります。これは人と企業でも同じことが言えます。そこで、あなたと企業の価値観が一致していることをアピールしましょう。単に「一致しています」では説得力不足ですので、企業の価値観と一致するあなたの体験や行動を通して、同じ価値観を共有していることを強調しましょう。

企業の価値観	価値観とマッチする自分の体験談
「一人一人が何でもいいから目標・夢を持ち、日々キラキラ輝いていてほしい」	大学生活では、留学を自分の力で実現することを目標に頑張りました。授業、レポート、サークル、アルバイトを並行させるのは大変でしたが、やり遂げた時の充実感は格別でした。
「お客様にじかに接するというとても大変な仕事ですが、素直に全力で働いてくれる人を待っています」	アルバイトでは、来店客数を20%アップさせるために、チラシ配りからメニュー改革、アルバイト仲間同士での接客マナーの見直しなどに全力で取り組みました。来店数だけでなく、お客様の反応が変化するのを味わえたことが、一番やる気につながりました。
「すぐやる、必ずやる、できるまでやる」	レポート作成は、まさにこの姿勢で取り組みました。提出期限1週間前までに完成させる計画を立て、必ず、この計画通りに実行しました。もちろん期限重視で、内容面で手を抜いたことは一切ありません。
「すべての瞬間を、かけがえのない思い出に」	初めての海外旅行では、この気持ちでいました。この時は、「少しでも多くのことを体験したい」と、貪欲な自分になっていたことを思い出します。仕事にも、この意識で取り組まなくてはならないと考えています。
「ライバルは、昨日の自分たち。重要なのは、昨日と比べて、自分がどう変わったか」	大好きなテニスに、この気持ちで取り組んでいます。常に自分のサーブの成功率や試合結果を正確なデータとして残し、向上しているかをチェックしています。内容が悪かったり低調だったりした時は、必ず翌日の練習テーマとし、自分のレベルアップを図っています。
「失敗をしない人は挑戦をしない人である」	私のモットーは「失敗した後悔よりも何もしないでいた後悔のほうが重い」です。御社の考え方と私の生き方は一致しています。

「自分の可能性くらいは自分で信じろ」	受験に失敗した時の気持ちを思い出します。このままで終わる自分ではない、と自分で自分を鼓舞し頑張りました。また、アルバイトでも失敗することがありましたが、必ず自分は認められるようになる、という気概を忘れず頑張り、店長代理に抜擢されるまでになりました。
「いい風を心に、会社に」	私は常に、笑顔と前向きな意識を心掛けています。それは、自分の状態を決めるのは自分の心だと思っているからです。自分がよどまないよう、笑顔と前向きでいることに努力し、これからも頑張ります。

企業の経営ポリシーに対応した体験談の例

私は御社の実績主義という経営方針に賛同しています。私は資格の勉強を通して、実績主義というものを味わったからです。昨年は、頑張ったつもりであったのに不合格でした。いくら頑張っても、合格という実績が伴わなければ、自分に自信も持てませんし、心から良くやったという納得も味わえません。それに対して、合格した今年までの取り組みを振り返ると、合格という実績のおかげで素直に胸を張ることができます。私は、実績という納得できる物差しで自分を測りながら、社会人としての自信を身につけていきたいと考えています。

企業メッセージへの共感を示す体験談の例

私は御社の「ライバルは昨日の自分たち」というメッセージに感銘を受けました。幼いころから習字に力を入れてきたのですが、「納得のできる文字を書けた!」との満足感を味わえることは少ないのです。しかしこれは、常に昔の自分ではなく昨日の自分と比較しているからだと思います。人は伸びようと思えば、常に昨日の自分と比較して苦しむ必要があると思います。御社の一員となって、仕事でも共に苦しみ続け、そして共に成長したいと思います。

P.192に記載した「会社志望動機の基本例」に「一人一人が大切だ」という「価値観の一致を示す体験談」のネタを加えてみると…

発展形④

私は、大学で学んだ食物栄養の知識を生かしつつ、成長を一歩ずつ確認しながら仕事をしたいと考え、就職活動を行っております。御社を志望する理由は、上司が社員一人一人と面談をして目標を設定する制度があるからです。**私はバレーボールを通して、メンバーの一人一人に合った練習やアドバイスを行う大切さを実感しております。それまではリーグ最下位と低迷していたチームですが、一人一人に応じた練習メニューや声の掛け方を意識するようになってからは勝つこともできるようになり、7位から4位に浮上することができました。この経験を通して、一人一人に対するきめ細かな意識を持つことがチームを強化するのに大切だと痛感しました。**この経験から、この制度を実施されている御社に魅力を感じています。

加えて、御社が掲げている「食品を通して人々の健康に貢献する」という事業理念に共感していることも志望理由の一つです。

P.192に記載した「会社志望動機の基本例」に「健康に対する自分の考え」という「価値観の一致を示す体験談」のネタを加えてみると…

発展形⑤

私は、大学で学んだ食物栄養の知識を生かしつつ、成長を一歩ずつ確認しながら仕事をしたいと考え、就職活動を行っております。御社を志望する理由は、上司が社員一人一人と面談をして目標を設定する制度があるからです。加えて、御社が掲げている「食品を通して人々の健康に貢献する」という事業理念に共感していることも志望理由の一つです。**この理念に共感する理由は、高校時代に体調を崩したことがあり、健康の大切さが身にしみているからです。また、日々の食事が大切だと、大学の研究を通して強く感じているからです。**

STEP01～04までのすべての要素を「会社志望動機の基本例」に
盛り込めば、充実した会社志望動機が完成します。

発展形⑥

私は、大学で学んだ食物栄養の知識を生かしつつ、成長を一歩ずつ確認しながら仕事をしたいと考え、就職活動を行っており、御社に入社できましたら、栄養食品部門で働きたいと考えております。志望する理由は、大学で得た知識を生かせるだけでなく、日本の高齢化が進んでいることも挙げられます。手軽にバランスよく栄養を補うことのできる食品に対するニーズが、ますます高まっていくと考えています。

御社を志望する理由は、上司が社員一人一人と面談をして目標を設定する制度があるからです。私はバレーボールを通して、メンバー一人一人に合った練習やアドバイスを行う大切さを実感しております。それまではリーグ最下位と低迷していたチームですが、一人一人に応じた練習メニューや声の掛け方を意識するようになってからは勝つこともできるようになり、7位から4位に浮上することができました。この経験を通して、一人一人に対するきめ細かな意識を持つことがチームを強化するのに大切だと痛感しました。この経験から、この制度を実施されている御社に魅力を感じています。

加えて、御社が掲げている「食品を通して人々の健康に貢献する」という事業理念に共感していることも志望理由の一つです。この理念に共感する理由は、高校時代に体調を崩したことがあり、健康の大切さが身にしみているからです。また、日々の食事が大切だと、大学の研究を通して強く感じているからです。

私は、営業を通して、御社の素晴らしさを、一人でも多くの人に広めていくつもりです。

そして将来的には、御社で新たな商品作りに取り組みたいと考えています。最近、女性の間でコラーゲン飲料が注目されていますが、このようなニーズをとらえた飲料シリーズを充実させたいと考えております。

このように会社志望動機を突き詰めていくと、「自己PR・職種志望動機・会社志望動機・ビジョン」は個別に使い分けるのではなく、それぞれ柔軟に組み合わせていくことが内容の充実につながることに気付いたかと思います。

6 インターンシップ選考での志望動機対策

インターンシップ・仕事体験の位置付け

学生に、就業体験を通して自社のポリシーや実務に対する理解を深めてもらうことが、優れた人材育成など社会的なメリットになるとして、インターンシップ・仕事体験に注力する企業が増えています。これは自社の製品やサービス、ウェブサイトを経由するよりも具体的に業務内容が伝わると考えているからです。参加する学生側も、就業に対して抱くイメージと実際の業務とのギャップを感じられるのと同時に、企業ごとの業務環境を深く知れる場になるとの考えから参加意欲が高まっています。

インターンシップ・仕事体験の一例（内容・形態は様々です）

期　　間……1day、数日、夏冬などの長期休暇期間、数年のパターンがあります。例えば、社員と同様の時間で長期間拘束されるインターンシップに参加する場合は、サークルなどとの両立が難しいでしょう。自分が力を入れたいことを考えた上で選ぶ必要があります。

内　　容……グループワーク～実際に仕事の一員として参加するものまで多種多様です。

給与・交通費……支給されるかは企業によって違います。

選　　考……多くの場合、書類選考があります。長期のインターンシップになるほど、選考のハードルは高くなり、例えば、「書類選考」→「面接」→「1週間のトライアル」→「合格」というものもあります。

インターンシップ対応の志望動機の作り方

選考では人柄も重視されますが、就職活動と同様に「志望動機」が更に重視されます。志望動機についてはP.148～201で詳しく説明してきましたが、就職活動ほどに業界や会社研究に時間を注ぐこともできないでしょうから、比較的容易に志望動機を作成する方法をここでアドバイスします。

STEP 1 ビジネステーマを調べる

世の中には、どのようなビジネステーマがあるかを調べましょう。いくら容易に作成したくとも、インターンシップ＝職業体験に応募するのですから、この調査を通して興味を絞る作業の手抜きはできません。

以下にビジネステーマの一例を紹介します。ここで紹介するテーマは、近年、日本が国家として取り組みに注力すると宣言しているものを選んでいます。

- 「浮体式洋上風力発電」を実用化し、世界市場創出を目標とする。
- 「太陽光発電」の発電コスト7円/kWh 未満の達成を目標とする。
- リチウムイオン電池の性能限界を大きく越えた「次世代蓄電池」を開発し、世界の蓄電池市場規模（20兆円）の5割獲得を目標とする。
- 魚の資源の枯渇という問題意識は世界的に共有されており、企業がより一層、自然と調和して成長するには、「養殖ビジネス」に取り組む必要がある。そして、魚にしても野菜にしても、バイオテクノロジーを駆使して、より効率的に最大の成果を上げる必要がある。

他には、以下のようなビジネステーマもあります（テーマ名のみ）

「地熱発電のタービン」「二酸化炭素回収貯留（CCS）」「3Dプリンター」「次世代自動車」「海底資源」「高性能磁石」「脱レアアース」「スマートシティー」「植物工場」「インフラ点検ロボット」「サイバー・フィジカル・システム」「無電柱化の推進」「中古住宅・リフォーム市場活性化」「観光立国」

更に詳しく調査したい方は、インターネットで「政府の経済重点施策」及び「各省庁の予算案」を検索してみると良いでしょう。

STEP 2 「ビジネステーマ」に関連した企業を調べる

例えば「浮体式洋上風力発電」に興味を持った場合は、「浮体式洋上風力発電取り組み」などのキーワードを入力して、インターネットで検索してみましょう。多くの場合、様々な企業へのリンク先が表示されます。ここでリンク先の情報を読み、より詳しく研究しても良いのですが、その前に、どのような企業がビジネステーマに関連しているかを知るために、まずは表示されたリンク先企業が手がける事業ジャンルを確認しましょう。

「浮体式洋上風力発電」で検索した場合には、「海洋開発」「建設」「鉄鋼」「造船」「電機」「輸送用機器」と、様々な業界の会社が関連していることが分かります。

この結果、インターンシップ先の会社を選ぶにあたって、「もしかすると、この会社も同じ業界だから関連したことに取り組んでいるかもしれないな」と興味が持てるようになります。

STEP 3-1 ビジネステーマに関連する企業のインターンシップが見つかった場合

この場合は素直に、「自分の興味があるビジネステーマに関連した会社のインターンシップを探したところ貴社が見つかった」という主旨の志望動機を作成しましょう。

STEP 3-2 ビジネステーマに関連する企業のインターンシップが見つからなかった場合

自分の興味に合致していなくても、インターンシップを体験してみたい場合は、その会社が、どのようなビジネステーマに関連した会社かを調べましょう（事業紹介で何に力を入れているかを読む）。そして、そのビジネステーマについて調べ、自分なりに消化した上で、その会社が力を入れているビジネステーマに興味を持ったことを志望動機とすれば良いのです。

● 「ビジネステーマ」に関連した志望動機の文例

インターンシップに応募する理由は、貴社が「浮体式洋上風力発電」に取り組まれているからです。私は、地球温暖化問題をきっかけとし再生可能エネルギーに興味を持っております。再生可能エネルギーには、太陽光や太陽熱、水力、風力、バイオマス、地熱など様々なものがありますが、広大な海に囲まれた日本では「洋上風力発電」が有望と私は考えており、中でも設置が比較的容易であることから「浮体式」に特に興味があります。

STEP 4 学びたい内容を志望理由とする場合

Step3で「興味があるビジネステーマと関連していることが貴社を選ぶ理由」と伝えましたが、仕事体験の内容が、そのビジネステーマと直接関連しているかは分かりません。そこで、仕事体験のプログラムを通して、どのようなことを学び、成長の糧としたいのかを志望理由としてみましょう。

プログラム告知情報（例）

「会社や仕事の魅力発見」を目標としたプログラムを開催します。2つのコースを用意しておりますので、期間と内容を検討し、お選びください。

1dayコース

ヒットビジネスを連発する当社が持つ「新事業を成功に導くノウハウ」を学んだり、「創造性発揮ワーク」を体験できます。

4dayコース

1dayコースを受講後、6名前後のチームを組み、当社のリソースを活用した新規事業の企画に取り組んでいただきます。最優秀チームは、当社の社長に対して、直接プレゼンテーションを行う権利を獲得できます。

「学びたいこと」に関連した志望動機の文例

新価値創造ワークに興味があります。仕事とは「新価値」を産み続ける活動だと考えているからです。アジアという大きな舞台で実績をあげておられる貴社の本物のノウハウに触れることを通して、将来の私の糧にしたいと考えています。また、貴社のプログラムには本気の学生が数多く応募すると予想しています。彼らと一緒に学び、プレゼンに挑戦する時間を得られることにも、大変魅力を感じています。

会社志望動機作成のまとめ

　あなたは入社することで、会社の持つ「組織力」「企画・開発力」「信用力」「教育力」などのさまざまな力を活用することができます。この力の活用によって、個人では実現不能な夢の実現も可能となるのです。

　ぜひ、あなたが心から期待できる会社を見つけ出してください。その会社と共に、社会人として数多くの自己実現を成し遂げられる、より良い人生を過ごせることを心から願っています。

コラム❷

採用担当者が語る

「NGエントリーシート」

●「NGエントリーシート」とは

採用担当者から見て「これはNG!」と思われてしまうエントリーシートとはどのようなものなのか、そのNGポイントは以下の5つとなります。

- **設問からずれている回答**
- **奇抜な内容、表現のみの回答**
- **模範解答的な一般論・マニュアル本そのままの回答**（抽象的な内容など）
- **不適切な材料選び**（学生の本分を外していると思われるようなもの）
- **不適切な表現・言葉遣い**（※学生言葉や略語など）

（例）×「バイト」⇒ ○「アルバイト」
×「学祭」⇒ ○「学園祭」
×接続詞の「なんで」⇒ ○「つまり」「従って」

「そんなこと言われなくても分かる」と思う人もいるかもしれませんが、想像以上に基本を無視した学生も多いので、注意しましょう。

●エントリーシート提出時の注意点

❶提出前に他者に読んでもらう
・就職課の職員の方や先輩に読んでもらい、客観的な評価を知ろう。

❷必ず見直しを
・誤字脱字、誤変換がないかの確認。

❸指定文字数の9割以上を目標に
・指定文字数以上のものを作成したうえで、制限文字数内に削ろう。

❹コピーを残す
・会社説明会や面接に行く前に自分が何を書いたかの再確認を!

❺締め切り間際ではなく、早めの提出を心掛ける
・届いた順に面接に進める企業もある。
・締め切り間際だと、採用担当者にじっくり読んでもらえない可能性がある。
・サーバーにアクセスが集中する等でエラーが表示されることもあるが、慌てず、時間を置いてから再アクセスしよう。この点からも、期限に余裕をもった行動を。

❻手書き提出書類に貼る写真の裏には「大学名／学部／名前」を記入すること
・採用担当者による仕分け作業の時などに、はがれてしまう場合がある。

ESの「考察課題」を攻略しよう

基礎編 「人生で一番悲しかったこと」という課題の場合

「長所や成長をアピールする」という目的が明確な「自己PR」に対し、出題意図の読みにくい「考察課題」は、できるだけ**発想を広げて他の応募者と一味違う内容を目指す必要があります。**そのため、最も難しい課題といえるでしょう。ここでは基礎編として、「人生で一番悲しかったこと」という考察課題を元に、いかに攻略するか、その手順を説明します。

まずは、この課題の意図や狙いをまったく考えずに、**直感的に自分の頭に浮かんだイメージをメモします。**

例えば…

「大切にしていたクラリネットが壊れてしまったシーン」が頭に浮かんだとするならば、「中学生の時にクラリネットを不注意から壊してしまった。そのクラリネットは小学1年生の時、大好きな祖父母からプレゼントしてもらったもので大切にしていた…」と記憶のままにメモ。

次に、「他の人は、どんな内容で作成するのか」を、一度考えてみましょう。すると、対象は違っても、モノを「壊した」「失った」というテーマは多いのではないか？　採用担当者の目に留まるには、もっとひねりを加えたほうが良いのでは？　といったことにも気付きます。そして、一般的には「楽しい」「うれしい」エピソードを、あえて「悲しい」話に結びつけて、内容にひねりを加えてみよう！　というような作成アイデアも生まれるのです。

これらの考察の結果、例えば**「人生で一番悲しかったのは大会で優勝した時。優勝したら音楽に一区切りつけようと決めていたため、自分で決めたことながら涙が止まらないほど悲しかった」**のような、他との差別化を狙ったESを作ることができます。このように、考察課題では、自分の考えを深めながら、直感的に思い浮かんだことから離れていく手順を踏む必要があるのです。

事例 1 「思い出に残る食事とはどのようなシチュエーションですか?」

食品メーカーの考察課題を元に攻略法を具体的に考えてみましょう。基礎編と同様に、まずは、この課題の意図や狙いはまったく考えないで、直感的に自分の頭に浮かんだイメージをメモします。

例えば…

「誕生日会や受験で合格した時のお祝いの食事シーン」などが頭に浮かんだとするならば、「小学生のころに開いてもらったお誕生日会での食事が一番の思い出です」と記憶のままにメモ。

この内容を元に、切り口にオリジナリティーやひねりを加える考察を行います。

・なぜ、自分の思い出になったのかという「理由」が大切なのでは?
・楽しいシーンだけでなく、悲しさやつらさが伴っている食事シーンもあるのでは?
・食品メーカーにかかわる社会的なテーマを絡めれば、評価がUPするのでは?

例えば…

「思い出の食事シーン」という課題との関連性を残しつつ、「家族との夕食」「現代社会のストレス解消」という切り口で作成してみる。

解答例

タイトル「 日曜日の夕食」

「人はつらいことがあると、孤立し閉じこもってしまうもの。そんな時、身近な人間に声を掛けたり、掛けられたりすると、よどんだ気持ちが吐き出せて、立ち直るきっかけを得られる。個々がバラバラなリズムで生活する中、家族が自然に顔を合わせる機会を作ってくれる日曜日の夕食はとても大切だと気付いた。これはストレス過多の現代社会においても貴重であり、それゆえ、いつの日か、ふと思い出すことになると思う。」

事例 2 「あなたの身近な人の“不”をどのように解消したことがありますか?」

こうした課題で、直感的に連想されるものは、意外に平凡なテーマになりがちです。ひねりやオリジナリティーのある回答をするためには、例えば「不」のつく熟語を辞書などで調べ、書き出してみるという方法があります。

(例)不運、不快、不甲斐ない、不公平、不調、不敗、不評、不眠など

事例1では食事をテーマに自由に思いを巡らせましたが、この課題はいくつかの設定によって制約を受けていることがポイントです。「身近」「不」「解消」という言葉が、なぜ課題に盛り込まれているのか、その意図を考えながら切り口を検討する必要があります。

例えば…

- 企業は、人の「不」を見過ごせない心を持ち、アクションを起こせる人を求めているから、この課題にしたのでは、と仮定してみる。
- 誰か1人に対するものよりも、複数の人が関係しているほうがよりインパクトがあるので、キーワードを「不公平」、対象を「バイト先の人々」に決定。
- 作成するESを通して、実力主義の肯定や、チーム全体を考えることのできる視野やマネジメント力のアピールを狙ってみる。

解答例

アルバイト先の規定では、時給アップは一律1年後と決まっていた。しかし同じ1年間でも、週4日働く人もいれば、週2日の人もいる。倍の経験をした人が、同じタイミングで昇給するのは不公平ではないか?　その思いから、私は上司に対し100時間ごとに時給が10円アップするという勤務累積時間数を基準にした昇給制度を提案し、受け入れられた。その結果、お店により貢献している人が抱えてきた不公平感を解消できた。

事例 3 「アルバイト中、あなたと正反対の性格の45 歳のパートさんが何やら不機嫌な様子。普段のあなたなら、どう声を掛けますか?」

課題に隠された出題者の意図を考えながら、作成の方向性を探るのは事例2と同じです。まずは、思い付いたことからどんどんメモします。

例えば…

・45歳の相手。かなり年上とでもコミュニケーションできることをアピールするのがセオリーだと思うけれど…。他の応募者も同様の考えを持つだろう。
・性格が正反対。では、自分の性格はどのようなタイプとして印象付けるか?　声を掛けるのだから、人に対して無関心でないことをアピールしよう。
・「何やら不機嫌」つまり「不機嫌」の理由が分からない。この理由を明らかにすることを通して、相手の心の中にあるものを引き出せることをアピールできそうだ。
・性格が正反対の年上の相手の心を開かせる声の掛け方が大切なのでは?
・不機嫌なまま接客されては、お客様に申し訳ない。この意識も盛り込み、お客様に常に気を配る心構えもアピールしてみよう。

このように、仮定の状況を考察する課題の場合は、自分の意図を示しつつ記述することが大切です。

作成ポイント

・「お客様のためにも不機嫌そうな雰囲気を放置できない」という考えを示す。
・ダイレクトに理由を聞くのではなく、「調子が悪いのですか?　少し休まれては?」と思いやりを示し、相手の気持ちを和らげようとしている意図を示す。
・相手の気持ちが少し和らいだところで、「何かお手伝いしましょうか?」と声を掛ける。あくまで気遣いに徹し、相手が話し出すのを待つという意図を示す。
・「相手を心から気遣う気持ちを持っていれば、性格や年齢の違いを乗り越えてコミュニケーションは成立すると自分は考えている」との認識を結論として締めくくる。

事例 4 「職場の上司から“自律的に行動しろ”と言われたら、具体的にどう行動する自分をイメージしますか?」

知っている言葉でも、念のため辞書などで正確な意味を調べましょう。(この場合は「自律」=自身の規範に沿って行動すること)

思い付いたことのメモ例

・自分に、どのような問題点があってそう言われたのかを想像する。
⇒例えば「成果が上がらず、自分が落ち込んでいる」状況を、自分の希望職種に合わせて想像してみる。
・「落ち込んでいる状況」を想定したのだから、「気持ちの浮き沈み」をどのようにコントロールするかを説明する。
・「どう行動する自分をイメージしますか?」というのは、意識や目標といった気持ちの問題でなく、具体的な行動を回答しなければいけない。そこで、「どんなにつらい状況でも、明るい笑顔と元気な声で人と接する」という行動を加える。
・ただ、笑顔と元気では平凡なので、ひねりが必要だろう。
⇒「週単位、月単位の計画を立て、こまめに上司や先輩に報告・連絡・相談。客観的な視野から問題点を洗い出し、未然に回避するよう努力します」と回答を工夫する。同時に、仕事に大切な「計画性」「報告・連絡・相談」が意識できていることをアピールする。

そして、このメモに沿って、内容を練りつつ記述していきます。

作成ポイント

・課題に隠された意図を考える。
・キーワードの意味を正確に理解するために調べる。
・記述内容を直感的な内容から離して展開する⇒ ひねりを加える。
・自分の意図を示しつつ、その内容に沿った行動を記述する。

以上の4点を頭に置きながら取り組みましょう。

memo

面接を攻略しよう

ESの作成をサポートする本なのに「なぜ面接?」と疑問を持つ人もいるかもしれません。しかし、ESとはエントリー時に書類選考で使用されたら、そこで役目が終わるのではなく、面接時の資料にもなるのです（コピーされ面接官に配布されます）。面接官は「どの辺りのことを質問しようか?」とESや履歴書の内容に目を通して準備しますので、就活生の皆さんは提出したESを読み返し「面接をプランに沿って進める作戦」を立てましょう。

❶ 質問されそうな部分に下線を引く

私は2・3回生のころ、学生生活の過ごし方について深刻に悩みました。❶1・2回生のころはとにかく勉強を頑張ろうと決めており、また❷遠方の自宅から通学していたこともあって、自宅・大学・❸アルバイト先以外にはあまり行かない生活でした。そんな中、2回生終盤になって、サークル活動や遊びに力を入れる❹周囲の友人達が無性にうらやましく見える時期がありました。「もっと遊びに重きをおくべきだったのか」と、勉強一筋の自分の学生生活がとてもつまらないものであったように思えて悩み、❺何事にもやる気が起きない時期が続きました。

この迷いが吹き飛ぶきっかけは、両親のアドバイスでした。「人はおのおの物事に優先順位をつけて行動している。派手ではなくとも、やると決めたことを着実にこなしてきたことは決して無駄でも間違いでもない」という一言で、自分のこれまでの過程に❻自信が持てるようになりました。またこの経験から、時間・お金がないなりに楽しみを見つけようと、❼研究室の仲間と近場の食堂巡りに出掛けるなど、以前よりも積極的に行動するようになりました。

❷ 面接官との問答を想定する

❶ **Q**:なぜ勉強を頑張ろうと思ったの?

A:希望学部に入学できたので、高度な知識を可能な限り吸収しようと考えたからです。

❷ **Q**:通学時間は?

A:片道2時間です。行きは授業の予習に、帰りは読書に時間を使いました。

❸ **Q**:アルバイトの経験は?

A:近くの喫茶店でしていました。週2回、1日5時間程度の勤務を2年間続けました。

❹ **Q**:友人の、どんな姿がうらやましかったの?

A:サークルの仲間と集まり楽しく話す姿です。特に合宿の話はうらやましかったです。

❺ **Q**:やる気が起こらなかった時期は、どのくらい? 成績に影響しましたか?

A:半年くらいです。成績が極端に落ちることはありませんでしたが、その時期はレポートに注ぐエネルギーは半減していたと思います。

❻ **Q**:迷いが消えて良かったですね。1・2回生の勉強に力を入れていたころに戻れましたか?

A:今は、1・2回生のころの何倍も学ぶことが楽しいです。アルバイトも辞め、研究を中心とする生活に、とても充実したものを感じています。

❼ **Q**:研究仲間は何人?

A:食堂巡りをする仲間は5人です。もしも、1年のころから研究室に所属できていれば、悩むこともなかったかもしれません。

❸ 自分が一番語れる話題を確認する

面接官との問答を想定しておくことは下準備でしかありません。実際に面接を成功させるために大切なのは、「自分のペースに持ち込む」こと。つまり「自分が面接官に話したいテーマを中心に、問答が展開する状況」に引っ張り込めるかどうかです。

この場合でしたら、❹や❺は、自分のネガティブな状況に関連しますので、簡単な回答で終わらせたほうが良いことに気付きます。逆に、❻や❼であれば、現在の充実した自分について説明できますし、研究内容と志望企業の関連性をアピールできるので、話の材料を豊富に準備しておきたい項目だと分かります。

④ 話題をふくらませていく流れをイメージする

例えば、❻❼の場合ならば…

❻ **Q**：迷いが消えて良かったですね。1・2回生の勉強に力を入れていたころに戻れましたか?

A：はい。今は、1・2回生のころの何倍も学ぶことが楽しいです。アルバイトも辞め、研究を中心とする生活に、とても充実したものを感じています。研究の内容は○○なのですが、どちらかというと、論理性よりも、ひたすら数をこなさなければならず、いかに要領よく、効率的に…

❼ **Q**：研究仲間は何人?

A：食堂巡りをする仲間は5人です。もしも、1年のころから研究室に所属できていれば、悩むこともなかったかもしれません。彼らと食堂や研究室で今議論しているのは、○○の反応を効果的に抑制する方法についてなのですが…

自分をアピールできる話題ならば、次から次へと話したいことが頭に浮かびます（暗記など必要ありません）。また、「なぜ?」「どうして?」といった面接官の突っ込みさえ、まるで話をテンポよく進めてくれる「合いの手」のように思えるでしょう。

このように、面接官との問答から自然な流れで「自分が語りたいこと」に入って行くパターンだけでなく、**「ネガティブな部分を掘り下げられる」**場合の切り返しも考えておきましょう。

例えば、❺の場合ならば…

❺ **Q**：やる気が起こらなかった時期は、どのくらい?　成績に影響しましたか?

A：半年くらいです。成績が極端に落ちることはありませんでしたが、その時期はレポートに注ぐエネルギーは半減していたと思います。でも、自分がラッキーだったのは、研究生活が始まる前に、疑問を感じたことです。今は、大学に入って良かったと心から思える日々を過ごしているのですが、もしも研究が本格化するタイミングで、疑問を抱くようなことになっていたら、私の大学生活は、取り返しのつかないものになったのでは、と感じ、少々、ぞっとします。

⑤ 志望動機の場合はどうするか？

自分に関連する質問の場合は、当然ながら「面接官よりも自分が詳しい情報」になる訳ですから、プランに沿って問答を展開することに苦労はありません。しかし、「なぜ、当社を選んだのか?」「当社で実現したいことは?」「当社でのキャリアビジョンは?」のような志望動機につながる質問の場合は、「自分よりも面接官が詳しい情報」について言及しなければいけない状況もあります。こうなると、自分のペースに持ち込みこむのは、なかなか難しそうです。

そこで、志望動機などについて聞かれた場合は**「面接官に語らせて、自分は聞き役に回れば自分のペース」**というイメージを持っておきましょう。

例えば、面接官は会社や仕事に詳しいのですから、
「御社の創業時のご苦労を教えてください」
「○○プロジェクトのお話を説明会でお聞きしましたが、特に、どんな点にこだわりを持たれているのですか?」
「何十人ものメンバーを率いる御苦労や、心掛けていることを教えてください」

など、あなたが興味を持っていて、是非、聞いてみたいと思うことを質問する展開も想定しておきましょう。

Q：当社を志望する理由は?

A：はい。説明会で○○プロジェクトのお話を伺ったのが大きな理由です。ご説明の中で、○○プロジェクトは100人ものメンバーが所属する大規模プロジェクトだとお聞きしました。100人を束ねるなんて私には想像がつきません。アルバイトでは10人程度のリーダーにはなったことがあるのですが、もう、10人でも色々なタイプがいますし、色々な事情が重なって、とても大変でした。御社には、そんな100人ものリーダーになれる研修があるのでしょうか?　どういったステップを踏めば、そのような凄いリーダーになれるのでしょうか?　よろしければ、お聞かせください。

もしも、このやり取りに面接官が乗ってきたならば、説明には、それなりに時間がかかるでしょう。面接官が説明する間、あなたは興味を持つポイントを聞き逃さないように注意して、聞き役になっていれば良いのです。

面接攻略まとめ

「自分自身について大いに語り、面接官にも会社や仕事について大いに語ってもらいましょう。そこに時間が費やされる展開」を面接のプランとして臨むことがポイントです。

そのために必要なのは、自己PRでは質問を受けそうな項目の分析、志望動機では会社研究時点で、自分が興味を持った部分を確認しておくことが必要です。

第4章

添削事例

第4章では、就活生が実際に作成したESの見本と、筆者による添削例をセットで紹介しています。まずは40パターンの事例を読み比べてみましょう。そして、中身は同じでも書き方の違いで印象に差が生じること、アピールには具体性が必要なことを、感覚的に感じ取っていただければと思います。その上で、あなたが作成したいものに近い事例を選び、そのESに対する「講評」や「ブラッシュアップポイント」を自身のES作成のヒントにしてください。

40事例の概要

40パターンの事例は、以下5つの課題に沿ってそれぞれ作成されたものです。

❶あなたが学生生活で最も力を入れたことは何ですか?
❷学生生活の中で一番つらかったことは? また、それをどのように乗り越えましたか
❸自分を自己採点すると何点ですか? 理由と共に記述してください
❹志望する職種は? その職種で発揮できるあなたの強みは?
❺志望部門であなたが実現したいことは?

各課題の文章作成で心掛けること

提出の締め切りが迫っており、40事例に目を通す時間がない人もいるかもしれません。そこで、各課題ごとの文章作成において、特に心掛けたいポイントを以下に紹介しますので参考にしてください。

❶「あなたが学生生活で最も力を入れたことは何ですか?」

❶の課題に対応した文章を作成しておくと、これ以外の多くの自己PR課題にも応用できて便利です。応用が利く理由は文章の主題に使える「過去のつらかった経験」「発揮・獲得した強み」「自分の長所・短所」といったものが共通する場合が多いからです。

作成においては、「最も力を入れたのは○○です」と**結論を述べた後、その詳細を説明しましょう。**できれば入学以前の話よりも**現在のあなたに近い大学生活の紹介にスペースを使いましょう。**事例の中でも紹介していますが、高校以前の活躍エピソードはインパクトに欠けます。

❷「学生生活の中で一番つらかったことは?
また、それをどのように乗り越えましたか」

「どのように」=「プロセス」の紹介にスペースを割くと、乗り越えた結果の「成果・成長」の価値も高まります。例えば、「こんな壁にぶつかってつらかった → そこで、こう努力したら軌

道に乗り、乗り越えられた」と、成功の手段に終始するのではなく、
「こう努力してみた →うまくいかなかった → 先輩に相談し、もう一回、こんな努力をしてみた → 少し理解者が増えたが、全体でみると問題が残っていた → ただ、理解者が増えたことに、とても勇気づけられた → そこで、理解者の協力を得ながら、こんな努力をしてみた → やっと大半の賛同を得ることができ、軌道に乗せることができた」
といったように失敗談を含めた「プロセス」や、悩みを抱えた「心の動き」を盛り込んで紹介しましょう。

❸「自分を自己採点すると何点ですか?　理由と共に記述してください」

これはポピュラーな課題ではありませんが、「自分の強み・長所・短所」など、自己分析の結果が生かせます。P.144の「06 自分の核となる5大特徴（レーダーチャート）」に記入した結果をもとに文章を作成してみましょう。

ポイントは、得点の高低について言及するのではなく、なぜ、その得点になったのかという理由や裏付けになるエピソードを充実させ、読み手を納得させることです。

あらゆる課題の作成に共通しますが、読み手が賛同したり、納得したりする構成にすることが重要です。この課題を通して説得力が伴った記述スキルを身に付けましょう。

❹「志望する職種は?　その職種で発揮できるあなたの強みは?」

この課題は「自己PRの中で最も重要なもの」と位置付けてください。就活とは、「企業が募集している職で、自分が活躍できると考えて応募する」というのが原則です。つまり、自己PRとは、**単に人柄や大学生活の充実ぶりを紹介するのではなく、それらの紹介を通して、自分が活躍できる人材であることを証明するのが目的なのです。**

ですから、志望する職で求められるスキルや、それに向かう姿勢などを調べるだけでなく、自分のアピールポイントが職にマッチしているかを確認した上で、文章を作成する必要があります。

❺「志望部門であなたが実現したいことは?」

❺の課題は、企業が選考で最も重視するものです。志望する企業の組織図やプロジェクト紹介などの研究に力を入れ、配属希望先を明確に持った上で取り組みましょう。また、業界に関連するニュースにアンテナを張り、**希望配属先の仕事が、今後、どのような方向に向かっていくのか、発展的な展望を盛り込んで作成するのが良いでしょう。**

事例
1

課題 力を入れたこと1　　アピールポイント 協調性

ペンネーム さぉ　　エピソード 生協組織部

タイトル 仲間と協力して得た感動

Entry Sheet

　私が大学生活で最も力を入れたことは、生協組織部というサークル活動です。大学生協の下部組織として組合員と大学をつなぐ仕事を主にします。私は、このサークル活動を通して、一つのことをみんなで協力すること、一人一人が責任を持って成し遂げることの大切さを学びました。特に、サークルの最大のイベントである、夏のお祭りではそのことを強く感じました。

　私は、長の補佐役として企画・運営などをしたのですが、長や自分だけが把握していてもうまくいかなかったので、私が他の仲間にも伝えるパイプ役として動きました。それがうまくいったことで、共有すること・協力することの大事さを感じました。また、協力とは、一人一人が責任を持ち、それぞれの仕事を認め合うことだと感じました。それがあって初めて全員が一つになり、達成した時に仲間で喜び合える感動を、このサークル活動で経験しました。この経験は、仕事だけでなく生きていく上で大切にしていきたいと思いました。

☞ 岡先生の講評

「パイプ役として動き、うまくいった」。この点がアピールの土台になっているのですが、あなたの体験の中身を知らない読み手は「どう、うまくいったのか」と、疑問を持ってしまいます。そこで、うまくいかなかった状況とうまくいった状況を読み手が比較できるように記述してみましょう。あなたにとって当たり前でも、読み手には丁寧に説明しなければ伝わらないことを意識して、作成するのが大切です。

好転した状況こそが最大のアピールポイント

Entry Sheet ブラッシュアップ例

私は、大学生協の下部組織である生協組織部での活動に最も力を入れました。主に組合員と大学をつなぐ仕事に従事し、一つの仕事に皆で協力すること、一人一人が責任を持って成し遂げることの大切さを学びました。特に、サークルの最大のイベントである夏のお祭りでは、これらを強く感じました。

私は長の補佐役として企画・運営を担当しましたが、当初は変更点が伝わっていない、自分たちの考えが反映されないとの不満からサークル内には、メンバーのモチベーション低下の問題が生じていました。この問題を解消するために、長と❶**50名のメンバー**を繋ぐパイプ役として、❷**「伝達事項は記録に残るようにメールで伝え進行状況を定期的に確認する、伝達と同時に意見を聞く窓口になる、パートリーダーを信じて仕事を任せる」の3点を心掛けて**行動することにしました。これが功を奏し、❸**準備遅れの最大の原因となっていた同じ作業のやり直しがなくなり、メンバーの士気も向上しました。**結果として、全員で喜び合える感動を味わえたお祭りにすることができました。

point ❶ **メンバー数を加えることで組織運営の大変さを強調**

point ❷ **パイプ役で心掛けたことを丁寧に説明する**

point ❸ **好転した状況を紹介し、好転前との差を明確にする**

事例
2

課題 力を入れたこと2　アピールポイント 問題解決力

ペンネーム kenzi　エピソード 家庭教師

タイトル いかにしてモチベーションを引き出したか

Entry Sheet

家庭教師のアルバイトを通して「生徒のモチベーションをいかに引き出すか」に力を注いだ。私は家庭教師をするに当たって成績を上げることに自信を持っていた。どのように勉強すれば成績が上がるかという勉強の効率的なやり方を知っていたからだ。しかし、その自信はすぐに打ち砕かれた。成績が上がらなかったのだ。いくら勉強のやり方や英語の文法、数学の公式を分かりやすく教えても、生徒がそれを定着させるために必要な宿題をしてくれない。そこで私はまずテストの点数が上がることを実感してもらおうと考え、暗記科目に力を入れ、強制的に覚えさせた。すると点数は少し上がったのである。ただ、私が教えている時間内だけでは限界があり、短期的なことだった。これを踏まえ、どうすれば宿題をしてもらえるのかを考えた。私は長期的な視点に立ち、すぐには結果が出なくても勉強をする意味が分かれば自ら勉強するのではないかと考えた。そこで、時間外に進路の話を中心に勉強することのメリットをアドバイスした。すると、危機感を感じたのか、生徒は本当に宿題をするようになったのだ。

☞ 岡先生の講評

「なぜ、思うような成果を挙げられないのか？　その原因（宿題をしない）を分析し、対策（暗記の強制）を打った。しかし、効果は小さなもので、根本の問題解決（宿題をしてもらう）へと導く方法（勉強のメリットをアドバイス）を考え、実行した」。一連の努力と成果を挙げるまでの流れが分かりやすい構成で作成できています。生徒に伝えたアドバイスの内容と、この体験を通して得た認識を加えると、更に良くなります。

指導の結果ではなく、体験からつかんだ認識で締めくくる

Entry Sheet ブラッシュアップ例

家庭教師を通して「生徒のモチベーションを引き出すこと」に力を注いだ。❶**当初は、効率的な勉強法によって、生徒の成績を上げる自信があった。**しかし、その自信はすぐに打ち砕かれた。英語の文法、数学の公式などを分かりやすく教えても、生徒がそれらを定着させる宿題をしてくれず、成績が上がらなかったのだ。そこで、まず点数が上がる喜びを実感させようと考え、暗記すべき必須項目を強制的に覚えさせた。その結果、点数は少し上がったが、指導時間の限界もあり、効果は短期的なものでしかなかった。この結果を踏まえ、改めて、どうすれば宿題をしてもらえるかを考えた。そして、「勉強をする意味が分かれば自ら勉強するのではないか」との考えのもと、時間外に進路の話を中心に勉強のメリットをアドバイスした。❷**例えば、「勉強をすれば、なりたい自分に近づく進路を選べるが、勉強しなければ、選択の幅が狭まり、諦めることが増える」といった内容だ。**すると、危機感を持った生徒は自発的に宿題をするようになった。この体験を通して❸**自発性の大切さを改めて確認できた。**

point ❶ 重要でない内容は、極力簡潔にまとめる

point ❷ シーンが浮かぶようにアドバイス内容を紹介

point ❸ 体験を通して得た認識を追加し、締めくくりとする

事例
3

課題 力を入れたこと3　アピールポイント 主体性

ペンネーム ばぶりー　エピソード スーパー

タイトル　熱意と笑顔

Entry Sheet

私が学生生活で最も力を入れたことはアルバイトである。私はお菓子だけを扱うスーパーで2年間働いており、自分の熱意と笑顔でお客様やスタッフを笑顔にしようと心掛け、働いてきた。

その際、私は3つのことを心掛けた。1つ目はお客様に笑顔で接し、商品についての知識や細かい気配りによって気持ち良くお買い物していただけるように心掛けることである。2つ目は1日ごとに目標売上を設定し、それに向かって工夫をすることである。例えば、商品の値札が目立つように作成したり、試食販売をしたり、大声で呼び込みをした。3つ目はスタッフ間の連携を強めることである。互いにアイデアを提案しあったり、気持ち良く仕事ができるように掃除を欠かさずしたり、士気をアップさせるよう心掛けた。

その結果、私の所属する店舗の売上順位をアップすることができた。この結果はお客様、スタッフ、そして自分の笑顔が集まった結果であると思う。私はこれからも自分の熱意と笑顔で人の笑顔を作り出すことを目指していくつもりだ。

☞ 岡先生の講評

仕事に対する意欲的な姿勢を表現できています。また、その意欲の表れた取り組みを3点紹介していることでアピールを充実させられています。このようにアピールポイントが複数ある場合は文章の中に埋没してしまったり、同じ表現を繰り返したりしないよう、箇条書きを利用すると良いです。最後に、店舗売上順位のアップに関しては数字を加え、素晴らしい成果を具体的に紹介しアピール力をアップさせましょう。

箇条書きで複数のアピールポイントを目立たせる

Entry Sheet ブラッシュアップ例

❶❷店舗の売上順位が15位から8位にアップしたことへの貢献を自負できるほど菓子専門スーパーでのアルバイトに力を入れている。この成果を得られたのは、自分の熱意と笑顔でお客様や他のスタッフも笑顔にしようと頑張ったからだと思う。私は働くに当たって、特に3つの点を心掛けている。

❸・お客様に笑顔で接し、商品知識や細かい気配りで気持ち良くお買い物していただけるようにすること。

・毎日売上目標を設定し、達成に向けて工夫すること。例えば、商品の値札を目立つよう作成する、大声で試食販売に呼び込むなど。

・スタッフ間の連携や士気アップを心掛けること。互いにアイデアを提案しあい、気持ち良く仕事ができるように掃除も欠かさなかった。

これからも自分の熱意と笑顔で人の笑顔を作り出すことを目指していきたい。

point ❶ 最大のアピールを冒頭で印象付ける

point ❷ 順位アップの大きさを数字を用いて明確化

point ❸ 箇条書きを利用しアピール点を目立たせる

事例 4

課題 力を入れたこと4　　アピールポイント 変革・創意工夫

ペンネーム　mizu　　エピソード　ミュージカル制作

タイトル　組織化を促進

Entry Sheet

私は文化祭のミュージカル制作で監督兼役者として活動した経験があります。そこで、問題に遭遇しました。それは金銭的、物的、人的資源に限界があったことです。そこで、原則全員が係と役者を兼任するようにしてチームごとに打ち合わせをする時間、練習する時間を別々に設け、作業の効率化を図りました。また、予算を節約するために、照明、机などを小中学校などからお借りし、スーパーや事務所などからうちわや木材、段ボールなどを無償でお譲りいただくことができました。

結果として、予算以内で作業を終えられ、残った時間を劇の練習に割り当てることができました。練習中もメーリングリストや、掲示板を全体の他、チームごとに作ることで、意見を調整でき、効率よく練習することができました。

本番2日間で延べ800人近くのお客様に見ていただき、内容も非常に評価されました。私はこの経験から何か大きなことを成し遂げるには一人の力では限界があるが、自分の性格なり特徴を生かしてグループのみんなと協力することによって社会に大きな影響を与えていけることを実感しました。

☞ 岡先生の講評

問題解決のための工夫や努力を具体的に紹介できています。ただ、人に関する対策と物に関する対策が入り組んだ印象がありますので整理しましょう。さらに、締めくくりの「社会に大きな影響を与えていけることを実感しました」という部分の説得力を高めるために、どのように「内容を評価されたのか」にも触れましょう。

観客の声を利用して内容の説得力を高める

Entry Sheet ブラッシュアップ例

❶監督兼役者として文化祭のミュージカル制作をしました。その活動を通して、学生集団であっても、個々の性格や特徴を生かして協力し合えば社会に大きな影響を与えられることが実感でき、自信となりました。

しかし、この実感を得るまでの制作過程では、資金や資材、人員確保の限界に直面しました。そこで、私がとった対策は以下の通りです。

❷・チームごとの打ち合わせや練習時間を設け意見を調整しやすくする。
・原則的に全員が係員と役者を兼任し、作業の人手を増やす。
こうすることで、全体練習の時間を十分に確保できました。更に、照明・机は小中学校から借用し、うちわや木材、段ボールはスーパーや近隣企業の事務所から無償で提供を受けたことでコストを抑えました。

こうして迎えた文化祭では、2日間で延べ800人近くの方がご来場くださいました。内容も非常に評価され、❸「生きる勇気をもらえた」「前向きになれた」「来年は子供も連れてきたい」などのお声も多くいただくことができました。

point ❶ 最大のアピールを冒頭で印象付ける

point ❷ 人や時間、資材の確保に関することを整理し、まとめなおす

point ❸ 複数の評価の声を加え説得力を高める

事例
5

課題 力を入れたこと5　アピールポイント 挑戦

ペンネーム H2　エピソード 学業・アルバイト

タイトル

学業とアルバイトの両立

Entry Sheet

学業とアルバイトの両立に力を入れました。ただの両立ではなく、学生の本分である学業は優秀な成績を、生活費と学費は自分でも出来るだけ工面する（アルバイト代と奨学金）という2つの目標を立てました。口で言うのは簡単ですが、実行するのには相当な体力と忍耐力が必要で、連勤や数時間の睡眠で大学に通うことも。試験期間もシフトを守って働きました。こういった毎日の中、勉強時間の確保は困難でしたが、アルバイトを理由に目標を諦めたくありませんでした。そこで、授業中はとにかく集中し、試験中は時間があれば図書館に行き、一分一秒を有効利用しました。その結果、単位を落とすことなく、特待生になるという目標も達成できています。

ここまで頑張れたのは、自分のためでなく、家族の役に立ちたいと常に思っていたからだと思います。お客様、そして社会のために頑張るのが「会社」です。そこでは、人は誰かのために役に立ちたいと思うから頑張れるのだと身にしみて感じたこの経験を生かせると確信しています。

☞ 岡先生の講評

「特待生になれるという目標も達成できています」。この事実こそが最大のアピール材料であることが分かるESです。これに、もう一工夫加えることで、更にアピール力が増します。例えば、冒頭の一文から強力にアピールする構成を考えてみましょう。また、頑張る姿をより際立たせるために、箇条書きで区別してみましょう。

「座右の銘」を活用し自己PRを一工夫する

Entry Sheet ブラッシュアップ例

❶「天は自ら助くる者を助く」を座右の銘とする私は、「学業で優秀な成績をあげる」ことと、「生活費と学費を自分でも出来るだけ工面する（アルバイト代と奨学金）」ことを2大目標に掲げ、力を注ぎました。

口で言うのは簡単ですが、実行には相当な体力と忍耐力が必要でした。連勤や数時間の睡眠で大学に通うこともありましたし、試験期間もシフトを守って働きました。勉強時間の確保は困難でしたが、アルバイトを理由に目標を諦めたくありません。そこで、以下の2点を心掛け、一分一秒を無駄にすることなく有効利用しました。

❷・授業中はとにかく集中する。

・試験中は時間があれば図書館で集中的に学習する。

この結果、特待生にもなれ、❸100万円以上の学費を浮かせることにも成功しました。ここまで頑張れたのは、他者に依存せず生きる力を獲得するのと同時に、家族に役立つ存在でありたいとも常に思っていたからです。お客様、そして社会のために頑張る「企業」でこそ、私の経験を生かせると確信しています。

point ❶ 座右の銘を活用し自己PRに一味加える

point ❷ 箇条書きで心掛けたことを際立たせる

point ❸ 特待生で免除される具体的な金額を示し達成成果を強調

事例
6

課題 力を入れたこと6　　アピールポイント 努力

ペンネーム | かっぱ　　エピソード | サッカー部

タイトル | 努力は報われる

Entry Sheet

私が学生生活で最も力を入れたことはサッカーです。サッカーを通して、私は大きな目標を持つことの大切さと、目標達成のため努力を継続することの重要性を学びました。私は小学校1年時にサッカーを始めました。入団したチームは県内でも強豪のチームで、小学校4年生の時までは、練習試合にすら出場することができませんでした。そんな中、小学校5年時に見たワールドカップがきっかけで、本気でプロのサッカー選手になりたいと思うようになりました。それから私は、時間が許す限り家の前でボールを蹴りました。更に食事の量も増やし、嫌いな牛乳も飲むようになりました。そして、できるだけ身長が大きくなるように、夜は9時に寝ることにしました。その結果、小学6年時にはチームのキャプテンと県選抜に選ばれ、中学生の時には県選抜のキャプテン、高校でも3年時にキャプテンを務め、高校総体で3位入賞という結果を得ることができました。残念ながらプロのサッカー選手になるという夢は叶いませんでした。しかし大きな夢を掲げその目標のために努力を続けた結果、努力をすれば報われるということを感じることができました。

☞ 岡先生の講評

「目標達成のため努力を継続する」というアピールテーマや「入団したチームは県内でも強豪のチームで練習試合にすら出場することができなかった」などのエピソードに問題はありません。しかし、紹介されているシーンの大半が「小学生時代＝過去」であるのが残念です。より現在に近いあなたをアピールするために、この経験を土台にして大学生活で頑張ったことをアピールしましょう。後半は私の想像となりますが、挑戦する対象をサッカーから留学に変えて、それに取り組む姿を添削文として作成してみました。

過去の栄光ではなく現在の輝きをアピールする

Entry Sheet ブラッシュアップ例

❶私は、小～高校の12年間サッカーに打ち込んできました。小学4年までは練習試合にすら出場できませんでしたが、その状況を変えようと時間が許す限りボールを蹴り、身長を伸ばすために食事や睡眠に気を配る毎日を送りました。この結果、6年時にはチームのキャプテンと県選抜にも選ばれるようになったのです。そして、中学校では県選抜のキャプテンを務め、高校でも高校総体で3位入賞を果たしました。

❷この経験で得た自信は現在の私の土台となっており、大学では「自力での留学実現」を目標にして頑張りました。まず、2年の夏までに❸100万円を貯める目標を設定しました。❸仕事では、「効率の良い作業を心掛ける」「社員から認められる」など、その時々に小さな目標を設定し取り組みました。こうして実現した留学においても、英語が全く通用しないという挫折を味わいましたが、「自分ならできる」と信じて、帰国後も、睡眠時間を削って語学に打ち込みました。この結果、教授からゼミの模範との評価を得られるようになりました。今後も目標を設定しながら、仕事に挑戦的に取り組みたいと考えています。

point ❶ 高校までの生活を紹介した内容は短くまとめる

point ❷ 高校までの経験を土台にした大学生活を紹介

point ❸ 常に目標ありきの生活スタイルをアピール

事例
7

課題 力を入れたこと7　アピールポイント 広い視野

ペンネーム シュウカツ　エピソード ボランティア

タイトル ボランティア活動で心掛けたこと

Entry Sheet

私は、1年生の夏休みから続けている子供とのボランティア活動に最も力を入れました。子供たちが対象の毎月の活動では、普段学校でなかなかうまくいかない子が多いため、活動が彼らの「居場所」となるように心掛けました。コミュニケーションが苦手な子に対しては、まずよく話をして興味を探り、グループの中で同じような興味を持つ子と仲良くなれるよう、会話を仲介した上で、やがては自分から会話が始められるよう補助してあげています。

初めは子供と一日を過ごすことで精一杯でしたが、やがて、グループの中での子供一人一人に注意を向けることができるようになりました。そして今年は、後輩の指導やお便りの作成などの活動全体の運営も行っています。継続して活動してきたことで、広い視野を持てるようになり、目の前の問題だけでなく、「将来的にどういう子になってほしいか」を考えながら行動できるようになりました。

☞ 岡先生の講評

熱心に行ってきたボランティア活動の目的や内容、自分が担当した仕事を通して成長した点がまとめられていますので、過不足のない自己PRと言えます。ただ、読み手の心に強い印象が残るものがありません。それは、活動の表面を説明しているだけなのが原因です。なぜ、この活動を選んだのか？　この活動を、将来の自分にどう生かせると考えているのか？　自分ならではの「気持ちや考え」を盛り込み、自己PRに個性を加えましょう。

活動説明に気持ち・考えを加え人柄の印象が残るESを目指す

Entry Sheet ブラッシュアップ例

私は大学1年の夏から現在まで、子供たちを対象としたボランティア活動に力を入れています。**❶この活動を選んだ理由は、様々な個性をもった子供たちが共に学べる環境作りを学び、それを生かせる仕事につきたかったからです。**活動に際しては、彼らの「居場所」作りを第一に心掛けました。例えば、コミュニケーションが苦手な子であれば、まず話をよく聞いて興味を探るのです。そして、同様の興味を持つ子と仲良くなれるように会話を仲介しながら、やがてその子が自分から会話を始めるよう補助しました。初めは一日を無事終えることで精一杯でしたが、**❷次第に「子供が先生を大好きだと言っています」など、保護者からの評価も得られるようになりました。初めて認められた時は嬉しくて、何度も「ありがとうございます」とお礼を繰り返してしまいました。**この活動を続ける中で、私は子供たちが「将来的にどうなってほしいか」を常に考えながら行動できるようになりました。**❸この成長は、キッズ教育の現場で生きるのはもちろんですが、いつの日か自分が子育てをするときにも役立つものと考えています。**

point ❶ **活動を選んだ動機、きっかけ、目標を加える**

point ❷ **他者の評価と評価を受けた時の感情を加える**

point ❸ **成長を、今後の自分にどう生かしたいかを加える**

事例 8

課題 力を入れたこと8　アピールポイント 独創的努力

ペンネーム 崖っぷちのポニョ　エピソード 勉強・資格取得

タイトル 勉強を通じて身につけたもの

Entry Sheet

私が学生生活で最も力を入れたことは勉強です。私は勉強を通じて専門的な知識に加え、社会で必要な忍耐力・独創力の重要性を知り、それらを伸ばすことができました。まず、忍耐力についてですが、私は常に大学の講義は無遅刻・無欠席であり、試験・レポートで出題者の意図が分からず困ったということはありません。また、忍耐だけではNo.1にはなれないので、独創力を高める必要があると考えた私は、教科書のコラムや講義に関連する文献や参考資料を読むなど他人の上を行く学習を心掛けてきました。その結果、昨年度後期に受講した講義すべてにおいてNo.1の成績（いずれもA+）を取得することができました。

これらを通して、私は努力は良い結果につながること、他人より上の結果を出すには独創力が重要であるということを学びました。御社においても、この2つの力を生かし、困難な目標にも妥協せず、また他人・他社の一歩先を行く仕事を展開することによって御社に貢献したいと考えております。

☞ 岡先生の講評

「後期に受講した講義すべてにおいてNo.1の成績（いずれもA+）」これだけの成果をあげたのですから、学習面の努力をアピールするという点では問題はありません。ただ、キーワードとして掲げた「忍耐力」については、もっと的確なものを選んだほうが、より読み手にスムーズに伝わると思います。例えば、「自己管理力」としてみましょう。また、内容に少し修正を加え、「大切な二つの資質を伸ばす」という明確な目標への取り組みを強調するのも良いでしょう。

研鑽に励む姿勢を示し好成績の必然性をアピール

Entry Sheet ブラッシュアップ例

❶**専門知識だけでなく、「自己管理力」「独創力」も伸ばす目標を持って、**学生生活では勉強に最も力を入れております。入学以来、私は無遅刻・無欠席を続けてきました。さらに、❷**講義で分からない部分は、先生や友人にその日のうちに質問し疑問点を残さぬよう心掛けておりますので、**試験・レポートで出題者の意図が分からず困ったことはありません。また、他者と同じ努力ではトップに立てないため、独創力を高めることにも力を注ぎました。具体的には、教科書のコラム、講義に関連する文献や参考資料を読んで視野を広げた上で、❷**自分の考えを練り、授業やレポートで発表しました。**

この結果、昨年度後期に受講した講義すべてにおいてNo.1の成績（いずれもA+）を取得することができ、❸**より高い結果を目指して努力を続けることに自信がつきました。**貴社でも、これまでの姿勢を継続し、困難な目標にも妥協せず、また、他社の一歩先を行く提案によって、お客様が喜ぶサービスを創出していきたいと考えております。

point ❶ **目標設定した上で取り組んだことを冒頭で強調**

point ❷ **学習スタイルを加筆し、必然性を強調する**

point ❸ **学ぶより積極的なアピール「自信がついた」に**

事例
9

課題 力を入れたこと9　アピールポイント 提案姿勢

ペンネーム モノクロ　エピソード 飲食店

タイトル　飲食店の販売員で経験したこと

Entry Sheet

私が学生生活で最も力を入れたことは、アイスクリーム販売店でのアルバイトです。お店は製造の段階から行っており、自家栽培の食材を味付けに使うことが多かったためアイスクリームのメニューは季節によって代わり、個性的なものが多くありました。そのためか、「どんな味なのか想像できない」と言われるお客様も多くいらっしゃいました。そこで、商品を知り納得して買っていただきたいと考え、上司に試食を取り入れることを提案し、ご希望があれば試食をしてメニューを選んでいただくことになりました。試食をしたお客様からは、「想像していた味と全然違うけどおいしい」、「他のメニューにも挑戦したい」などのうれしい反応をいただけました。また、より良いメニューを作るために感想を聞き、上司と相談して改良していきました。人それぞれ感想が違い、すべてを取り入れることはできませんでしたが、可能なものは取り入れるために試作を重ね、更に感想を聞くことでより良いものを作ることができたと感じています。

☞ 岡先生の講評

利用者の声を複数加えた結果、読み手が「働いている光景（シーン）」を思い浮かべやすい内容に仕上げられています。「シーン」が浮かぶと、あなたに対するイメージも持ちやすくなります。さらに、「商品に対する思い入れが表れたあなたの心の声」も加えてみましょう。狙いは、「このように商品に愛を持てる人ならば、当社の商品にも愛を持って働いてくれるに違いない」とイメージをより一層膨らませることです。

商品への「愛」が表れた心の声で入社後の姿をイメージさせる

Entry Sheet ブラッシュアップ例

学生生活では、アイスクリーム製造販売店でのアルバイトに最も力を注ぎました。**❶理由は、私の提案にも耳を傾けてくれる上司の元で働くことの意義を感じたのと、アイデアの反応を即座に得られることにやりがいを持てたからです。**店は、自家栽培の食材を味付けに使うためメニューは季節によって違い、個性的なものが多いのが特徴でした。そのためか、「どんな味なのか想像できない」というお客様の意見が多くありました。

❷「この商品の美味しさを知ってほしい、納得して買っていただきたい」と考えた私は、試食をした上で商品を選んでもらうことを提案しました。試食を導入した結果、「想像していた味と全然違うけどおいしい」「他のアイスにも挑戦したい」などの率直な感想を得ることができました。この反響に応えるべく、上司と協力して新作の開発にも力を入れ、**❸20種以上を店頭に送り出してきました。この結果、月間売上が以前の3倍となるときもありました。**この経験を通して、お客様のニーズに応えるものを産み出そうと奮闘する面白さを知ることができました。

point ❶ **力を入れた理由を加え、やる気をアピール**

point ❷ **商品に対する「愛」が表れた心の声を加える**

point ❸ **商品数や売上の伸びを通し、成果の大きさを強調**

事例 10

課題 力を入れたこと10　アピールポイント 目標追及力

ペンネーム｜まほっしー　エピソード｜合唱団

タイトル｜目的は自己実現と感動を与えること

Entry Sheet

「皆に感動を与える」

私が所属している合唱サークルは年に2回ある定期演奏会に向けて、メンバーが一丸となり練習します。その経緯を知ってか知らずか、演奏が終了すると毎回皆が一斉に拍手をしてくれます。自分達が楽しむということは当然ですが、それ以上に聴きに来てくださったお客様が満足し、「来て良かった」と思ってくれることを目標に練習しているのです。そのため、時間や費用がとてもかかりますが、それを対価としても同等以上のものを得ることができると確信して、日々活動しています。

「妥協はしたくない」

私はサークルやアルバイトをしていますが、しっかりと学業にも励んでいます。その証拠に単位を落としたことはありません。一度やり始めたことは最後までやり通すという信念で今も生きています。私は大学生活で、中途半端にしない、妥協しないという強い精神を手に入れることができました。

岡先生の講評

「皆に感動を与える」「妥協はしたくない」と、二つのアピールポイントを「見出し」で分けて展開する狙いと構成は悪くありませんが、一方で、それぞれのアピールの掘り下げが足りていません。これでは、どちらの印象も薄くなり、読み手の心に響きにくくなる恐れがあります。「妥協はしたくない」は、合唱サークルのエピソードでも触れられると思いますので、前半をメインとして構成し直しましょう。

力を入れたことを複数示した後に一つを掘り下げる場合の参考に!

Entry Sheet ブラッシュアップ例

❶**一つも単位を落とさないよう学業に励み、楽器代や会場費などを工面するためにアルバイトにも力を入れました。しかし、最も力を注いだのは合唱サークルです。**年に2回ある定期演奏会では、観客が終了と同時に一斉に拍手で称えてくれます。❷**この時、「自分たちの努力の成果が、こんなにも多くの方の感動を生んだのだな」と実感できるのが、合唱に打ち込んだ理由です。**

定期演奏会に向けての練習は、演奏会終了直後から始まります。つまり、私達メンバー80人は年中、観客の、「また来てよかった」という声を目標に一丸となって練習しているのです。サークルには、未経験者もいるため、パート別や実力別の練習があり、上級生になるほど自分の練習時間は限られます。❸**なおかつ、活動にはかなりの経費がかかるため、アルバイトも欠かせません。試験期間などは、本当に時間が限られてしまいますが、**「一度始めたことは最後までやり通す」を信条に、常に後悔を残さない姿勢で臨んできました。学生生活を通して、中途半端にしない、妥協しないという精神を手に入れることができたと、胸を張って言えます。

point ❶ **冒頭で力を入れたものをすべてアピール**

point ❷ **サークルに特に力を注いだ理由を示し、以降で掘り下げる**

point ❸ **多忙な中で、複数の努力を重ねた価値を強調**

事例 11

課題 力を入れたこと11　アピールポイント 自己改革力

ペンネーム　もちまる　エピソード　人間関係

タイトル　**友人関係で得たもの**

Entry Sheet

高校のころまでの私は、友人関係において何事も受け身でした。友達から色々話してほしかったし、自分では友達に何でも話してもらえる存在になりたいと思っていても、些細なことで勝手に仲間外れにされたと思い込んで、不機嫌になり友達を困らせ、私自身が友達に近寄り難い雰囲気を作っていました。それでも友達は気を遣って普通に接してくれました。それをつらく感じた私は、この性格を変えたいと思い、大学に入ってから今までの自分とは違う自分になろうと決めました。大学に入っても、「自分が入れる話題じゃない」と思ってしまうことはありましたが、どうすれば入れるかを考えるようになりました。他にも、友達の愚痴を聞いていてただ同調するのではなく、相手はどう思っているのか、などと広く考えるようになりました。おかげで物事を客観的に考えられるようになり、今では友達や先輩に相談されるようになりました。ダメだった自分に気付き直すことができ、周りのことを考えられるようになれてよかったと思っています。

☞ 岡先生の講評

高校時代の自分の未熟さに率直に向き合う内容からは、読み手に対しても正直であろうとする姿勢が伺え好感が持てます。しかし、全体の半分近くを未熟なころの描写に費やすのはもったいないです。やはりプラス面をアピールする内容を重点的に紹介するのが良いでしょう。後半部分では、自分を変えようと努力している姿や成長したあなたの成果を示せていますので、こちらにスペースを割きましょう。

文章から伝わる人物像の変化に注目!

Entry Sheet ブラッシュアップ例

❶高校までは友人に対しても受け身で接することが多く、「友達から何でも話してもらえる存在」になりたいと思う独りよがりな態度が、かえって周囲に気を遣わせてしまっていました。

大学入学を機に自分を変えようと決心し、例えば「自分が輪に入れる話題じゃない」と感じることがあっても避けるのではなく、「どうすれば入れるか」を考えるようになりました。他にも、友達の愚痴を聞いていてただ同調するのではなく、相手はどんな答えを求めているかなど、広く考えるよう努力しました。

❷この結果、考えに客観性が加わり、次第に友達や先輩から相談を受けるようになりました。今では、相談を待つのではなく、**❸後輩の表情や仕草に注意を配り、心配事を抱えていそうな時には、私から声を掛けています。また、自分が入学時に不安に感じた点を思い出し、レポートの添削やアドバイスなどを通して、大学生活を応援しています。**「先輩のおかげで大学が楽しいです」と言って慕ってくれる後輩も増えました。高校時代と比較し、今の自分にとても満足できています。

point ❶ **高校までの自分については簡潔にまとめてしまう**

point ❷ **現在の自分の変化に割くスペースを増やす**

point ❸ **主体性のある行動を加え企業が求める人材像に近付ける**

事例
12

課題 力を入れたこと12　アピールポイント 関係構築力

ペンネーム　ぴーちゃん　　エピソード　寮生活

タイトル　**寮生活で学んだ留学生との交流**

Entry Sheet

　大学での寮生活です。入学した当初、誰一人友達がおらず、さらに周りは留学生ばかり。そのような環境の下、私はどのようにしたらよいのかと考えてばかりで、なかなか友達ができずに悩んでばかりでした。しかし、私の日本人の友達は、上手にたくさんの友達を作っていたのです。

　何が違うのかと観察し一つのことに気付きました。それは、彼女はよくキッチン（共同スペース）に留学生が来る時間にその場にいるということでした。私もそれから毎日のように通い、その結果留学生と食事をともにしたり遊んだりと良い関係ができました。今でも何人かの留学生とは交流が続いています。一人で悩む前に、行動することから何か生まれるのだと学んだ気がします。

☞ 岡先生の講評

　留学生が多い寮での生活であれば、もっと沢山のエピソードがあるのではないでしょうか？　例えば、「その結果留学生と食事をともにしたり遊んだりと良い関係ができました」以降の部分を、エピソードを絡めながら膨らませましょう。寮内のイベントで実行委員となり活躍したエピソードなどを加えれば、主体性のあるイメージも加わります。

前半と後半の私を比較
成長を強調したい時の参考に!

Entry Sheet ブラッシュアップ例

留学生が大半を占める寮で生活を始めたころ、私は孤立していました。当時の私は、友達を作りたくとも、どう行動すれば良いか分からなかったのです。この状態から抜け出すために、すぐに友人を作れる人と自分との違いを観察し、そしてヒントを発見しました。それは、留学生が集う時間に合わせて共同スペースで過ごすことです。さっそく私も、毎日、共同スペースに顔を出すようにしました。その結果、留学生と食事や遊びを共にできる良い関係を築けました。

❶心に余裕ができた私は、もっと思い出を作りたいと考えるようになり、寮祭や地域の方との交流を図るイベント実行委員に加わり、積極的に活動しました。特に交流イベントは、**❷寮外から毎年800人程度**の方が参加する規模にまでなりました。この結果、**❸留学生からは「日本の良さを味わえてうれしい」、ご近所からは「気軽に挨拶が交わせるようになった」**と評価をいただけております。この経験から、帰国後も続く海外の友人との交流や、小さな行動から何かを生み出す喜びや学びを得ることができました。

point ❶「意欲」のアピールを狙いとした内容を加える

point ❷ 参加人数を通してイベント規模をアピール

point ❸ ご近所の方や留学生の声を加え、成功を証明する

事例 13

課題 困難・つらかったこと1　アピールポイント 短所克服力

ペンネーム saba　エピソード 接客

タイトル コンプレックスの克服

Entry Sheet

私が学生時代つらかったのは、自分のコミュニケーション能力に関してです。大学に入って間もないころ私は極度の人見知りでした。仲良くなってしまえばよいのですが、初対面の人だとしどろもどろになって相手の質問にもうまく答えることができず、自分のコミュニケーション能力にコンプレックスを抱いていました。

このままでは社会に出てから今以上につらい思いをすると思い、あえて嫌でも人と接する、接客のアルバイトを始めました。また、普段の生活の中でも知らない人と接することから逃げずに、積極的に話すようにしました。

その結果、笑顔が増え、人の目を見てハキハキと話せるようになったと自覚できるまでになりました。人によっては当たり前に備わっている能力かもしれませんが、私にとってはこのコンプレックスがあったからこそ、人一倍人と接することに喜びを感じることができるようになりました。

☞ 岡先生の講評

苦手克服のために「あえて嫌でも人と接する接客のアルバイトを始めました」という一歩を踏み出した行動および意志、そして、克服できたという成果は企業から評価されるでしょう。ただ、「その結果、笑顔が増え…」と、結論をすぐに記述してしまっている点が残念です。克服までの過程で「工夫や努力しているあなたの姿」を具体的に伝えましょう。これにより、納得度が高まると同時に、読み手を共感に導く力も増します。

「良い聞き役を心掛けた」など、克服過程の紹介を充実させよう

Entry Sheet ブラッシュアップ例

❶❷大学入学間もないころの私は極度の人見知りだったため、初対面では相手の質問にうまく答えることができず、自分のコミュニケーション能力にコンプレックスを抱いていました。

このままでは社会に出てから今以上につらい思いをすると考え、苦手意識克服を決意して、人と接する機会の多い接客のアルバイトにあえて挑戦しました。**❸この挑戦に当たり、手本となる人を見つけ、真似をすることから始めました。例えば、話すスピード、声のトーン、相槌を打つ時の表情などです。また、ネットを利用して巷の話題を把握し、仲間の会話に参加するように心掛けました。そして、自分が知らない話にはでしゃばらず、良い聞き役となるように意識しました。**

その結果、笑顔が増え、人の目を見てハキハキと話せているのを自覚できるまでになりました。人によっては当たり前に備わっている能力かもしれませんが、私にとってはこのコンプレックスがあったからこそ、人一倍人と接することに喜びを感じられるようになりました。

point ❶「自分のコミュニケーション能力」の繰り返しを解消

point ❷ コンプレックスは短くまとめアピールにスペースを割く

point ❸「工夫点」を複数、具体的に紹介し、納得度を高める

事例
14

課題 困難・つらかったこと2 アピールポイント 継続的自律性

ペンネーム ぷにっと　　エピソード 留学

タイトル

留学への道

Entry Sheet

学生生活の中で一番つらかったことは、留学に向けた資格取得との奮闘です。2年生の冬から1年間留学するという目標があったにもかかわらず、TOEFLの勉強を怠ってきた私はテストを受けても点数が伸びず途方に暮れていました。徐々に焦りを感じ始め、先輩や友人にアドバイスを受け毎日2時間机に向かうことにしました。

まずは自分の勉強方法の何がいけなかったのか、どう改善すれば点数が上がるのかといった戦略を自分なりに組み立てました。そして重点の置き方や自分の弱点も見えてきたことで勉強も毎日続けられるようになりました。本番の試験では、自分が強化した部分の点数だけが伸びました。そこに時間をかけ過ぎたせいで他の部分の点数が見事に落ちてしまったのです。

この経験をバネにその後はバランス良く勉強を進め、時間も3時間に設定し直しました。途中でプレッシャーに負けそうになりましたが、周りの人たちに支えられ、自分のペースで頑張れました。結果、目標の点数を取得することができ、自分に自信が付きました。

☞ 岡先生の講評

「点数が伸びず途方に暮れていました。徐々に焦りを感じ始め…」のように、困難な状況における心理描写を通して、苦境に対して真剣に向きあったことを強調できています。これに、周囲とのコミュニケーションや他者がサポートしてくれるエピソードを加えて、「周りの人に支えられる」人柄をアピールしましょう。

関連する内容は一文にまとめ、内容がつかみやすい文章を目指す

Entry Sheet ブラッシュアップ例

学生生活の中で一番つらかったことは、留学資格取得での奮闘です。2年生の冬から1年間留学する目標を立てたにもかかわらず、TOEFLの点数が伸びず途方に暮れていました。徐々に焦りを感じ始めた私は、毎日2時間机に向かって勉強することにしました。**❶学習時間を決めただけでなく、弱点を分析し、重点を置く分野を明確にするなど、勉強の中身も改善しました。**しかし、それでも本番の試験は不合格に終わりました。強化した部分の点数は伸びたものの、そこに時間をかけ過ぎたせいで他の部分の点数が見事に落ちてしまったのです。

この結果を反省し、その後はバランス良く勉強を進め、学習時間も3時間に増やしました。途中でプレッシャーに負けそうになりましたが、**❷先輩や友人から継続的にアドバイスをいただくなど、周囲にも支えられ毎日頑張り続けることができました。❸不合格から1年、**遂に目標の点数を取得することができ、自分に自信が付きました。

point ❶ 勉強方法の改善に関する部分を一文にまとめる

point ❷ 先輩などに支えられたことを後半にまとめる

point ❸ 取組み期間を加え、長期間の奮闘ぶりを伝える

事例

15

課題 困難・つらかったこと3 アピールポイント 挫折克服経験

ペンネーム | 紫乃　　エピソード | 語学

タイトル | ショックをバネに努力した成果

Entry Sheet

大学生活で私が味わった一番の挫折は、得意科目の英語で落第ギリギリの成績Cをとってしまったことです。周りの友人に聞いてもAやB…。Cの人はいませんでした。どうしても納得できず、担当教員にメールで理由を問いました。その返事は「Bに限りなく近いC。この授業を落とした人もいるのだから気にすることはない」でした。それでも私の気持ちはすっきりしませんでした。しかも次学期にもその教員の英語の授業をとらなくてはならない…。だから次は絶対に最高成績であるSをとると決心しました。

そのために授業の予習に力を入れました。授業中はすすんで発言をし、時には目線で自分をあててほしい、とアピールしました。また、教員自身も忘れていた授業感想を毎回、最後まで書き続けました。その結果、次の成績発表では、最高成績はとれませんでしたが、Aをとることができました。

岡先生の講評

「だから次は絶対に最高成績であるSをとると決心しました」という部分から負けん気の強さが伝わってきます。それだけに、得意科目が落第ギリギリであったことが衝撃であり、納得いかなかったことが想像できます。この気持ちを、より臨場感を持って伝えるために冒頭の一文を工夫しましょう。冒頭が印象的であれば、その後に続く内容に、より興味を持たせることができます。そうすることで、読み手の印象に残るESとなります。

冒頭で衝撃を強調し、読み手に強い印象を与える

Entry Sheet ブラッシュアップ例

❶「Reading C」…?　この成績を見たとき、自分の目を疑いました。得意科目である英語で、まさか落第ギリギリのCをとるなんて信じられませんでした。周りの友人に聞いてもAやB止まり…。Cをとった人などいませんでした。どうしても納得できず、担当教員にメールで理由を問いました。その返事は「Bに限りなく近いC。この授業を落とした人もいるのだから気にすることはない」でした。それでも私の気持ちはすっきりしません。しかし、次学期にもその教員の英語の授業をとらなくてはならないことを知り、私は次こそ絶対に最高成績であるSをとると決心しました。

❷目標達成のために、授業の予習として本文を最低2回以上熟読し、わからない単語は一つ残らず調べました。授業中はすすんで発言をし、時には視線で自分をあててほしい、とアピールしました。また、提案した教員自身も忘れていた授業感想文を、毎回、最後まで書き続けました。その結果、次の成績発表では最高成績こそ逃したものの、Aをとることができました。もちろん、**❸他の教科にも同様の姿勢で取り組み、**納得の成績を残せています。

point ❶ 冒頭を工夫し印象に残る効果をアップ

point ❷ 予習の取り組み内容を具体的に紹介

point ❸ 努力した対象が英語だけでないことを強調

事例 16

課題 困難・つらかったこと4 アピールポイント リーダーシップ

ペンネーム シン　エピソード 塾講師

タイトル 人を巻き込むことの難しさ

Entry Sheet

私の学生生活で一番つらかったことは、アルバイトでの経験で、全員の足並みが揃わず教室の活気がなくなってしまったことです。私はアルバイトで3年間塾講師をしており、そこでは他の先生方をリードして生徒が居心地の良い教室作りを目指しております。生徒に楽しく来てもらうことはなかなか容易ではありませんが、まず生徒が楽しむために、自分たちが塾を楽しもうと考え、他の先生と塾やそれ以外の時間で時間を共有することで、先生同士や生徒との会話も多くなりました。すぐに教室全体を変えることは難しかったのですが、一人一人アプローチをしていくことで、波及的に良い雰囲気へと変わって行き、生徒からもたくさんの「ありがとう」をいただきました。私はこのような経験を大切にし、お客様のために自分に何ができるかを考え、人を巻き込むということで、これからももっと多くのお客様から「ありがとう」をいただけるような行動ができると考えております。

岡先生の講評

「自分たちが塾を楽しもうと考え、他の先生と塾やそれ以外の時間で時間を共有することで、先生同士や生徒との会話も多くなりました」。こうすることで先生同士の会話が多くなるのは分かるのですが、その結果として生徒との会話が増えていった経緯が見えないため、説得力に欠けた内容になっています。あなたと他の先生、他の先生と生徒がかかわるシーンを区別して盛り込んでみましょう。

先生と生徒のシーンを分け、経過が分かる説明を心掛けよう

Entry Sheet ブラッシュアップ例

3年間、塾講師として働く中で、講師陣の足並みが揃わず教室から活気が失せてしまったことがありました。❶**「これでは生徒に申し訳ないし、塾の存続も危うい」と危機感を持った私は、**状況の改善を目指し先頭に立って動きました。

まず、生徒が居心地良いと感じる教室にするには、先生自らがこの塾を楽しむ必要があると考え、❷**月一回の講師親睦会を提言し、毎回、幹事を担当しました。この親睦会では、各先生の指導法がテーマの中心となるよう、率先して話題提供しました。すると、先生の間でリスペクトしあう雰囲気が生まれ、生徒に関する情報交換や相談も増えました。**

❸**先生同士の情報共有が進んだ結果、生徒一人一人に質の高いアプローチができるようになり、生徒からもたくさんの「ありがとう」の言葉をもらうことができました。教室に活気が戻るのにも時間はかかりませんでした。**この経験を通して、仕事の環境を変えるために自分から何ができるかを考え、人を巻き込みながら進めてゆく、私なりのリーダーシップを身に付けられたと考えています。

point ❶ **危機を感じた心理を表現することで臨場感を増す**

point ❷ **先生に対し動いたこと、その効果を具体的に紹介**

point ❸ **先生の変化と生徒への波及を整理して記述**

事例 17

課題 困難・つらかったこと5 アピールポイント 責任感

ペンネーム ryooooo　エピソード 母校の恒例行事

タイトル 苦労、のち喜び

Entry Sheet

私が学生時代に一番苦労したと感じたものは、母校の高校で夏に行われた遠泳行事の助手です。この行事は高校1年生が夏休みに、4泊5日で千葉の海に行って最長で2キロ程の遠泳をするというものです。そしてこの行事の運営は大部分を高校のOB・OGに任せています。私も水泳部のOBとしてもちろん参加しました。遠泳本番まで、毎週泳いで特訓したり、どうやったら成功させることができるか、などをOB・OGで集まって話していました。

本番でも、寝る間を惜しんで当日のスケジュールを組んだり、5日間泳ぎっぱなしでした。体力的な疲労ももちろんですが、生徒達の命を預かっているという責任からくるプレッシャーもかなりのものでした。しかし、生徒達が5日間を通して成長していく姿や、OBとして絶対に戻ってきます、という発言を聞くとやってきて良かったと思いました。生徒達に達成感を与えられたことや、生徒達が感動して帰っていく姿を見ると、今までの苦労が吹っ飛んでしまいます。また、生徒達もそうですが、私達自身も非常に大きな達成感を得ることができました。今後も時間がある限りこの行事には参加していきたいと思います。

岡先生の講評

重い責任を通して達成感を得たこと、主体的に当事者意識を持って取り組む姿勢を持っていること、信頼できる人材であること、肉体・精神共にタフであることなど、アピールが盛りだくさんの自己PRを作れています。ただ、冗長な文章となっているのが残念です。不要な説明や繰り返しを減らすだけで簡潔な文章となり、アピールがストレートに伝わるようになります。添削を通して、約150文字少ない文章で、同等の内容を伝えられることを示します。

文字数を減らして伝えたいことをストレートに

Entry Sheet ブラッシュアップ例

❶学生時代に一番苦労したのは、母校の恒例行事（高校1年生が夏休みに4泊5日で最長2キロの遠泳に挑戦）の助手です。運営の大部分がOB・OGに委ねられているため、私達は**❷3週間前から**本番まで「どうやって成功させるか」を何度も集まって検討すると同時に、緊急時に万全の対応ができるよう体も鍛え抜きました。

本番でも、寝る間を惜しんでスケジュールを調整し、日が昇ってからは泳ぎっぱなしで過ごしました。体力的な疲労ももちろんですが、生徒達の命を預かる職責の重圧もかなりのものでした。**❸しかし、5日間を通して成長する生徒の姿を見て苦労が吹き飛びましたし、「OBとして絶対に戻ってきます」という生徒の言葉を聞き達成感を味わいました。今後も時間がある限りこの行事には参加したいと考えています。**

point ❶ 一文字でも少ない簡潔な文を心掛ける

point ❷ 準備期間も示し、要したエネルギーの大きさをアピール

point ❸「5日間を通して成長…」以降を簡潔にまとめる

事例
18

課題 困難・つらかったこと6 アピールポイント 耐久力

ペンネーム ぼるビック　エピソード 研究

タイトル 卒業研究における実験

Entry Sheet

　学生生活の中で一番つらかったことは、卒業研究に取り組んでいた時に、実験のデータが思うように取れず、失敗を繰り返していたことです。

　私の所属している研究室では、独自の実験装置を用いています。従って、装置のマニュアルというものがありませんでした。まず、失敗の原因を探るために怪しいと思われることをリストアップし、それを先生方に報告して意見をいただいたり、先輩方の論文を参考にしたりしながら実験のパートナーと話し合いました。原因と思われる個所が分かった後は、どのようにしたら改善されるのか試しながら、ひたすら実験の繰り返しでした。自分達のアイデアがうまくいかず、失敗が続いていた時は、実験するのが嫌になり、自然と実験をする頻度が減っていました。その時、一緒に装置を整備したりしてもらっていた先生に「とにかく一生懸命やってみる。失敗しても成果ゼロではない」と励まされ、失敗を恐れず試行錯誤することができました。その結果、実験をうまく行えるようになり、卒業研究のためのデータを取ることができました。

岡先生の講評

　卒業研究の要となる実験装置は独自開発のためマニュアルがなく、手探りで作業を進めざるを得なかった。この困難な環境が、あなたを鍛えてくれた訳ですが、この経験を通して、データの採取という成果以上に、将来のあなたの財産となる何かを得られたのではないでしょうか？　このことに触れると、締めくくりが良くなり、文章全体のアピール力もアップします。

困難さを強調することで成長の大きさをアピール

Entry Sheet ブラッシュアップ例

卒業研究の要となる実験装置は、**❶所属する研究室が独自に開発したものでマニュアルが存在しませんでした。**そのため、解析データに不備が見つかった場合は、研究パートナーと先輩方の論文を参考にしながら話し合い、失敗の原因として怪しい部分のリストアップをしなければなりません。そして原因と思われる点を推測した後は、どうすれば改善するかの試行錯誤を繰り返すため、実験そのものは、なかなか進展しませんでした。**❷この試行錯誤に伴う失敗が2カ月も続いた時は、**正直、全く成果の得られないことを繰り返すのが嫌になり、実験回数も減ってゆきました。

そんな私を救ってくれたのが「とにかく一生懸命やってみる。失敗しても成果ゼロではない」という先生の励ましです。それからは、失敗も研究のうちだと考えられるようになり、結果として2カ月後には、卒業研究に必要なデータをとることができました。**❸この研究を通して、展望が見えない状況を突破する強い精神を養え、仕事で困難に直面しても逃げずに頑張れる自信が付きました。**

point ❶ **装置にまつわる状況を冒頭で紹介し、問題点を強調**

point ❷ **期間を具体的に示し、事態の混迷ぶりを伝える**

point ❸ **将来の糧となる成長の紹介で締めくくる**

事例 19

課題 困難・つらかったこと7 アピールポイント 相手の立場に立つ力

ペンネーム とところ　エピソード ボランティア

タイトル 困難×努力=成長

Entry Sheet

私が学生生活の中で経験した一番つらかったことは、ボランティア活動です。私は、学生時代に何かしらの問題を抱えた学生を支援するボランティア活動をしていました。特にボランティアについて深く考えず軽い気持ちで活動を始めてしまい、骨の折れる作業が多く、なかなか心を開いてくれない学生もいる現実にぶつかりました。そしてボランティア活動の意味を見出せずにいた私は何度もやめようと思いました。

しかし意味を見出せない原因は自分にもあるのではないかと考え、もう一度きちんとボランティア活動に真剣に向き合ってみようと決めました。私はその日から相手の立場を少しでも理解できるように車椅子で生活をしたり、ボランティアを超えたコミュニケーションを取れるよう頻繁に会いにいったりしました。そうすることでいつしか学生との間にも信頼関係が生まれ、周りにも「成長したね」と言われるようになりました。そして私はボランティア活動をする意味を見つけました。

☞ 岡先生の講評

「ボランティアについて深く考えず軽い気持ちで活動を始めてしまい」、このように自分を反省できることは素晴らしいことですので、もっと強調するように文章を工夫しましょう。

次に、「成長したね」という第三者の客観的な評価を加え、説得力を増している狙いは良いのですが、「どんな点が成長したか」が分かる、もう少し具体的な内容を盛り込みましょう。実際には「成長したね」としか言われていないとしても、「きっと、このことを褒めてくれているのだろう」と推測して記述してかまいません。

反省を冒頭で告白し 正直な人柄を印象付ける

Entry Sheet ブラッシュアップ例

❶**深い考えも持たずに軽い気持ちで始めてしまった**ボランティア活動が、一番つらかった経験であると同時に、自分の弱点を知る貴重な経験ともなりました。私は、何かしらの問題を抱えた学生を支援する活動に参加しましたが、骨の折れる作業が多く、加えて、なかなか心を開いてくれない学生もいる現実にぶつかり、何度もやめようと思ってしまいました。

しかし、❷**活動に生き生きと取り組む方が多い中で、意義さえ見出せない原因は自分にあると考え、**もう一度ボランティアというものに真剣に向き合おうと決めました。そして、その日から相手の立場を少しでも理解できるように車椅子での生活体験をしたり、コミュニケーションの機会を増やしたりしました。そうすることで、いつしか学生との間にも信頼関係が生まれ、周りからも❸**「心配りが成長したね」**と褒めていただけるようになりました。私はこの経験によって、「軽い気持ち」の延長上には何も得るものがないと痛感しました。そして、「相手の立場に立つ」ことの意味を理解し、実践できる人間に成長できたと考えています。

point ❶ **自己反省部分をクローズアップし人柄をアピール**

point ❷ **「自分にも」ではなく「自分に」として潔い印象に**

point ❸ **第三者の評価に一言加え具体性をアップする**

事例

20

課題 困難・つらかったこと8 アピールポイント コミュニケーション力

ペンネーム あつ　　エピソード 海外旅行

タイトル 海外旅行での苦難

Entry Sheet

　私は、旅行が好きで日本中を旅してきました。大学に入学後、旅行資金を稼ぐためにアルバイトで貯金し、大学2年時に一人で韓国へ旅行しました。旅の目的は観光地を訪れることもありますが、海外に一人で行くことで、すべてにおいて自己責任を取り、他国の方とコミュニケーションを図る力を養うことを第一の目的としました。韓国の中心地明洞では、少々の日本語は通じましたが、韓国語を身に付けていなかった私は、英語でコミュニケーションせざるを得ませんでした。言葉の壁が私の前に立ちはだかり、このことが私の学生生活で一番つらいことでした。

　私はこの壁を乗り越えるため、知識を最大限発揮し、ジェスチャーも交えながら、現地の方とコミュニケーションを図ることができました。日本に帰国後、二度と言葉の壁でつらい思いをすることがないように、必死で韓国語を勉強し、もう一度韓国を訪れ現地の人々と交流を深めたいと思っております。

☞ 岡先生の講評

「言葉の壁が私の前に立ちはだかり…」という部分は読み手が共感を覚える内容ではあるのですが、観光旅行という前提なだけに「一番つらかったこと」として取り上げるにはパワー不足です。観光旅行は、短期間であると同時に、深い人間関係の形成が一般的には望めないからです。あなたの経験を生かすならば、思い切って、「旅行資金を稼ぐためにアルバイト」したエピソードに絞って作り直したほうが良いでしょう。

どの経験に深みがあるのか その見極めが大切

Entry Sheet ブラッシュアップ例

旅行好きな私は、大学入学を機に初の海外旅行を実現する目標を立てました。❶**そして、2年生の夏休みまでに資金を稼ぐ計画を立て、アルバイトを始めました。**一番つらかったのは、1カ月が経ったころです。アルバイト先には同時に始めた仲間が数人いたのですが、正直、その中で私の能力が一番劣っていました。❷**「私のできが悪いのか、仲間が優秀すぎるのか、辞めようか、でも、お金を貯めたいし、一度始めたことだし…」**と、くどくどと悩みました。そんな私を見かねたのか、店長が「しばらくは週2日、3時間勤務で頑張りなさい。3時間ならば悩む前に過ぎてしまうから」と救いの手を差し伸べてくださいました。

私は、これをきっかけに立ち直ることができ、海外旅行も実現できました。実は、この旅行でも外国語のコミュニケーションで苦労し、一時はくよくよしましたが、今となっては良い思い出です。これらの経験から❸**「悲観的に考えすぎる」短所があることを知り、以来、「ど〜んとやってみよう」的な精神を養おうと心掛けてきたおかげで、今では新人を勇気づけられるほどに成長できています。**

point ❶ **観光旅行からアルバイトに切り換える**

point ❷ **あえて、くどくどと悩む思考の特徴を開示**

point ❸ **上記の短所を分析し、自分を変えられたことをアピール**

第4章 添削事例

事例

21

課題 困難・つらかったこと9 アピールポイント 責任遂行力

ペンネーム 瞬間、心重ねて　エピソード 飲食店

タイトル 職場の雰囲気の大切さ

Entry Sheet

　私はある焼肉レストランでアルバイトをしていました。そこはホールスタッフが比較的少ない職場で、特に5時から6時までは一人という場合が常でした。その間は来店客が少ないので、ごみ出しなどの雑用が主な仕事でした。そんな中、私が5時出勤であったその日はVIPの団体客の予約が既に入っていたため雑用と接客を一人でこなさなければいけない状況でした。更に、不運なことに予約をされていない団体客が来店されて、その時既にごみ捨てをする時間が迫っていたため、更に焦りが生じ、猫の手も借りたいと思わされる状況でした。

　このような状況の中、普段は厨房で料理を作っているスタッフの方々や休憩中の店長が私の仕事がスムーズにいくように手を差し伸べてくださいました。そのお陰で、所期の目的を果たすことができました。私はこの時、仕事をする上では周りの環境はとても重要なことであると思いました。

☞ 岡先生の講評

「評価につながる明確なポイントを見つけられない」というのが正直な感想です。理由は、「私はそれほどではない」とアピールをためらっているからだと思います。そのためらいは、あなたの謙虚さの表れでもあるのですが、自己PRを目的とした文章ですので、しっかりと自分の良さをアピールしましょう。例えば、ある時間帯を1人で任されているのは、店長からの信頼の証だと感じますので、この点をさりげなくアピールすることで文章を改善してみます。

自己PRでは謙虚になり過ぎない！しっかりアピールすべし

Entry Sheet ブラッシュアップ例

私は、ホールスタッフが比較的少ないレストランでアルバイトをしており、**❶17時からの1時間は、ごみ出しや夜の部の準備を1人で賄うことが常でした。**ところが、ある日、VIPの団体客によるこの時間帯の予約と、予定になかった別の団体客の来店が偶然重なり、まさに猫の手も借りたい状況に陥った時がありました。これが、これまでの生活で味わった最大のピンチと言えるものです。

❷最初は、自分1人で対応しきろうと頑張りましたが、このままでは店のサービスとして信用にかかわると判断し、厨房のスタッフや休憩中の店長にも応援を求めました。皆の協力のお蔭で、18時からのスタッフが来るまで持ちこたえられ、お客様にも満足していただくことができました。

この日の出来事によって、私は、**❸「こんな状況に陥ったら、どうするか?」という風に、常日ごろから考えておく大切さや、職域を越えて共同体と言える関係を築いておく必要性を感じました。また、準備作業の手順や内容を見直し、同僚とのコミュニケーションを、これまで以上に密にするよう心掛けました。**

point ❶ 1人で任される時間帯を通して職場からの信頼をアピール

point ❷ 妥当な状況判断をしたシーンをクローズアップ

point ❸ ピンチの後の成長や行動の変化を締めくくりに使う

事例
22

課題 困難・つらかったこと10 アピールポイント 自己管理力

ペンネーム パンクラチオン　エピソード 通学

タイトル **通学に伴う後悔**

Entry Sheet

私は大学に進学することが決まった時に一人暮らしをするか、実家から通うかの選択に悩みました。両親は一人暮らしを許可してくれました。しかし、悩んだ結果、私は実家から通うことに決めました。その理由は、親の負担を減らしたいということと、私は一人で暮らしていけるのかという不安があったからです。

実家から大学までは片道2時間30分ほどかかります。乗り換えは少ないですが、高校に自転車で行っていた私にとっては慣れないこともあり、入学当初は通学自体が苦痛になっていました。しかし、就職のことを考えた時にこのままでは通勤時間にルーズになってしまったり、休んでしまうのではないかと考えました。それでは社会人としてやっていけないと考え、その後は通学を社会勉強だと考え直し、授業のある日は早起きをし、授業に遅刻したり欠席することも特別な理由がない限りなくなりました。

☞ 岡先生の講評

「就職のことを考えた時にこのままでは通勤時間にルーズになってしまったり…」と、就職への関連を意識したものの、「授業に遅刻したり欠席しない」という当たり前の行動でアピールしようとしているので、評価しづらいものになってしまっています。もちろん時間管理は大切ですが、それを下地にあなたならではの成功体験を改めて加えてみましょう。

アピールにインパクトがあるか しっかり考えてみることも大切

Entry Sheet ブラッシュアップ例

❶**実家から大学までは片道2時間30分の道程です。私は大学近辺で下宿するかどうか悩みましたが、経済的負担も考え、実家からの通学を選択しました。**それでも当初は、電車が混雑する苦痛と、時間のロスが気になり激しく後悔する時期もありました。しかし、これも社会勉強の一つと考え直し、❷**少々の電車の遅れでは絶対に遅刻や欠席しないことを自分のルールに掲げ頑張りました。**

この生活に慣れてくると、❸**朝型の学習スタイルが身につくだけでなく、例えば、電車の中でレポートの素案を考え、学校に到着してからパソコンで作成するといった効率的な時間の使い方ができるようになりました。**また、課題の多くは午前中に済ませられるようになったおかげで、帰りは一切勉強せず、好きな音楽を聞いたり、時には仮眠したりと、1日を以前よりもゆったりと過ごせるようになりました。時間の使い方を工夫することで自分なりのメリハリのある生活スタイルを築けたと考えています。このような私ですので、これからの社会人生活においても無駄を省き計画的に作業を進める自信があります。

point ❶ **下宿か通学かは単なる状況説明なので簡潔にまとめる**

point ❷ **余裕ある行動という自分のルールを持つことを強調**

point ❸ **改善した生活スタイルによる好影響を紹介する**

事例 23

課題 自己採点1　　アピールポイント 問題解決力

ペンネーム ミック　　エピソード 研究

タイトル 卒業研究を終えての自己採点

Entry Sheet

私は卒業研究に取り組む自分を採点し、68点とした。卒業研究を自己採点の対象に選んだ理由は、あまりに短期的過ぎてはその採点結果が出来事に依存してしまうと考える一方、長期的過ぎても逆に採点が難しくなると考えたからである。私の研究の流れは、最初に問題点の把握、次に問題解決のための手法の提案、次に新しい手法の有効性を検証し、最後にその結果を文書にまとめる、である。これら4つの過程をそれぞれ25点満点で採点すると、問題点の把握、問題解決手法の提案及び文書化に関してはそれぞれ23点、20点、20点を付ける。参考資料を読むことで問題点を把握し、問題を解決するための適切な方法が提案できたこと、そして技術文書を書き上げたことに満足しているからである。一方、得られた結果を考察する中で、新たな課題が生まれた。その原因が有効性を検証する過程にあるのでこの項目は5点である。誤った処理をしていたことが原因だが、この時もっと時間をかけて考察をしていれば、より良い手法を提案することができたかもしれないと悔しさが残る。

☞ 岡先生の講評

研究の過程と採点項目を明示した上で、それぞれの点数、理由を紹介できており、理系ならではのセンスが伝わってくる良い内容です。内容のベースには手を加えず、見出しや箇条書きを用いたものを添削例として紹介します。単に、文字が並んだ文章と、見出しや箇条書きを利用したスタイルの、読み手に与える印象の差を実感してください。

要素が多く充実したESほど見出しや箇条書きを有効活用する

Entry Sheet ブラッシュアップ例

私が卒業研究を対象に自己採点した結果は68点である。対象に選んだ理由は、短期的な事象では、採点結果がその出来事の印象度に依存してしまい、長期的なものでは逆に採点が難しくなると考えたからだ。

❶【研究過程と配点の紹介】

A「問題点の把握」→B「問題解決手法の提案」→C「新しい手法の有効性を検証」→D「結果を文章にまとめる」 この4つの過程を各25点満点で採点する。

❶【得点と理由】

❷A「23点」参考資料に広く目を通し、素早く問題を把握できたから。
　B「20点」提案がベストでないと後に判明したが解決に繋がったから。
　C「5点」結果の考察中に生まれた新たな課題の原因が、ここにあるから。
　D「20点」満足できる技術文書を書き上げられたから。

❶❸【採点後の反省】

Cが低得点となったのは誤った処理をしていたため。もっと時間をかけて考察すれば、より良い手法を提案することができたかもしれないと悔しさが残る。

point ❶ 見出しを加え、読み手が内容をつかみやすくする

point ❷ 得点と理由は箇条書きとし、得点と理由をセットで紹介

point ❸ 反省を見出しで強調。成長志向のアピールを狙う

事例 24

課題 自己採点2　　アピールポイント 一所懸命

ペンネーム ファンタジスタ☆　　エピソード 大学受験

タイトル 成長した自分、期待する自分

Entry Sheet

自分を自己採点すると、100点満点中の50点です。それは、今の自分に満足している自分、今後の自分に期待する自分が半分ずついるため、50点にしました。学生生活はとても充実していたし、楽しい思い出もたくさんあります。もちろんもっと勉強しておけば良かった、もっと部活で練習しておけば良かったというような後悔は多々あります。しかし、後悔し反省することで、自分が成長してきたのだと思います。

自分は大学受験で、志望校に合格できず、1年間予備校に通うことになりました。落ちた直後は、もっと高校生活で勉強しておけば良かったと後悔しました。しかし、自分には高校時代に野球部で朝から晩まで共に過ごした友との貴重な思い出がたくさん残ったし、予備校で朝から晩まで勉強することで、苦手だった勉強が好きになれました。頑張って入った大学だったので、一生懸命勉強に励むこともできました。何にでも努力し、一生懸命に取り組むことによって目指す自分に近付けると思うので、毎日一生懸命に頑張っていきたいと思っています。

☞ 岡先生の講評

自己採点については大雑把な印象が残ります。得点分析が甘いと感想文の域を脱しないものになる傾向があります。最も気になる点は、文章の大半が高校～予備校時代の紹介で占められ、大学時代の紹介が「頑張って入った大学だったので、一生懸命勉強に励むこともできました」の一行で終わってしまっていることです。自己PRは、現在により近いこと（＝大学生活）を取り上げて作成しましょう。

得点配分を通して力を入れたことを複数アピール

Entry Sheet ブラッシュアップ例

自己採点は50/100点です。今の自分に満足していますが、今後の自分にも期待し50点としました。❶**内訳は、勉強30点、サークル20点です。各25点でないのは、サークルより勉強に力を入れた自負があるからです。**

【勉強50点中30点】

大学受験では志望校に合格できず、もっと高校時代に勉強しておけば良かったと悔いが残りましたので、大学では一所懸命に取り組みました。❷**その結果、一つも単位を落としませんでしたし、レポートにもこだわって時間をかけ、先生から度々褒められました。**

【サークル50点中20点】

高校時代の野球部には、朝から晩まで共に過ごした友との貴重な思い出があります。大学でも多くの友人を作りたいためサークルに打ち込みました。❷**ただ参加するだけでなく、積極的に役割を担った結果、**❸**10歳以上も歳の離れたOBを含め、高校以上に幅広い交流を図ることができました。卒業後は、更に人脈を広げ、大きな舞台で活躍できる人間になりたいです。**

point ❶ 50点の内訳を通して、力を入れたことをアピール

point ❷ 得点の理由を、読み手の納得を得られるよう紹介する

point ❸ 今後の自分の成長（残り50点分）への期待感を高める

事例 25

課題 自己採点3　　アピールポイント 自己反省力

ペンネーム　ぽぷー　　エピソード　資格

タイトル　独学で資格取得

Entry Sheet

私は、自分を自己採点すると「60点」であると思います。私は、目標が達成されるまで頑張り続けることができます。大学では、簿記2級の資格を独学で取得するという目標を立て、頑張りました。大学の授業とアルバイトとの両立で忙しかったのですが、アルバイトの休憩中も惜しんで勉強しました。その結果、資格を取得することができました。

しかし、マイナス40点としている理由は、私は目標を見つけたら周りが見えにくくなってしまうところがあるからです。後から聞いた話ですが、簿記2級の勉強をしている時、知らないうちにストレスがたまっており、母親に当たってしまっていたようです。資格を取得してから、私はたくさんの人に支えられていることを知りました。遊びに誘ってくれた友達も、私の良い気分転換になればと誘ってくれたのです。その時、私の周りにはたくさんの味方がいることを知りました。私は今、その経験をバネにして新たな目標に向かって取り組んでいます。

☞ 岡先生の講評

「ストレスがたまっており、母親に当たってしまっていた」「気分転換になればと誘ってくれた」という自己反省を強調するために、あえて自己採点「40点」としては、どうでしょうか。これにより、反省心や謙虚さをアピールできると考えます。逆に今の内容では、自分に甘いともとられかねません。

自己採点をあえて低得点にして
自分に厳しい姿勢をアピール

Entry Sheet ブラッシュアップ例

❶自己採点は「40点」です。私の長所･短所を比較し採点しました。

【長所:目標達成まで石に噛り付いても頑張り通せる】

大学では簿記2級を、学業とアルバイトの両立とともに、独学で取得する目標を立て、1年かけて実現しました。

【短所:人間として、まだまだ未熟】

資格試験で一度不合格となった際にはストレスがたまって母親に当たる他、気分転換に誘ってくれた友人の気遣いも気付けませんでした。合格後に心の余裕ができ自分を振り返ると、自分の弱さや小ささばかりが目につきました。

❶この私を客観的に採点すると、今は低い得点を付けざるを得ません。しかし、**❷現在も、より上位の資格取得を目標に、やはり独学で挑戦中**ですので、**❸以前の反省を生かして、合格できた時には、「60点～70点」を付けても良いのではないか**と考えています。

point ❶ **自分に厳しい姿勢を示すため、あえて低得点に**

point ❷ **反省点をふまえ、新たに挑戦中であることをアピール**

point ❸ **高い得点を目指す前向きな気持ちを表明し締めくくる**

事例 26

課題 自己採点4　　アピールポイント 地道さ

ペンネーム 石川県　　エピソード 研究

タイトル　現在そしてこれからの私

Entry Sheet

80点です。残りの20点は、今の自分に満足せずまだまだこれから良くしていきたいと考えているためです。100点満点を付けてしまえば現状に満足してしまい、そこで成長が止まってしまうと考えます。現在大学院で研究を続けておりますが、うまくいかないことがほとんどです。しかし、失敗をしてもどこが駄目だったのかを考え、条件を検討していくことで前に進むことができます。例えば、ある細胞を使って実験を行い、良い結果が出なかったとしても、違う細胞を使うことで結果が変わってくることがあります。また、周囲に意見を求めることで、自分にない考えを取り入れることもできます。研究と同様に、私自身も失敗を積み重ねながら前に進むことや、多くの人と出会い自分の世界を広げることで成長していきたいと考えております。

☞ 岡先生の講評

80点という高い得点を、読み手に説得力を持って受け入れてもらうために、あえて「反省点＝マイナス得点」にかかわる内容の記述も加えましょう。アピールする部分と謙虚に反省する部分とでバランスをとる訳です。この時、まじめな人ほど、反省点の説明にスペースを割きがちなので、アピール中心のバランスになるように心掛けましょう。また、反省点については、あまり自己否定的すぎる内容にならないよう気をつけましょう。

自己採点が高得点の場合は謙虚な締めでバランスをとる

Entry Sheet ブラッシュアップ例

私の自己評価は80点です。現在、生活の大半を占めるのは大学院で行っている研究です。その研究への取り組みを採点対象としました。私は、失敗をしても、どこが駄目であったのかを考え、様々な条件を検討しながら前に進むことができます。**❶99%の失敗が宿命づけられている実験でも黙々と続けられるのは私の最大の特徴ですので、やや高く「30点」を配点しました。**次に、独善的でなく、周囲の意見に耳を傾けることができるのも私の長所です。他分野の研究仲間も多いほうだと思いますので、**❷「客観性15点」、「柔軟性15点」としました。加えて、実験データを正確に記録することが得意ですので、「管理力20点」です。**

マイナス20点は、洞察力や予見性の鋭さにおいて、師と仰ぐ教授の足元にまだまだ及ばないためです。**❸研究者として、いつか、これらの点で教授から認めてもらえることを目標に、日々、頑張っています。**

point ❶ 自分の一番の特徴に最高点を付ける

point ❷ 一つだけでなく、複数の強みをアピール

point ❸ 前向きな謙虚さで締めくくり読後感を良くする

事例 27

課題 職種志望動機1　アピールポイント 実務経験

ペンネーム｜シンボル　志望職種｜システムエンジニア

タイトル｜運用の視点からとらえたシステムの設計

Entry Sheet

私がシステムエンジニアを志望する理由はお客様の業務フローを解析することにより、お客様の業務の改善点を見出し、それらの改善点について「IT」というツールを使用してお客様の経営を効率化することが可能な「経営コンサルタント」としての特徴があるからです。

私がこの職種を目指すに当たっての強みは、「運用の視点からシステムの設計を行う」ことが可能であるからだと考えています。学生時代、貴社のシステム運用部門にて、2年間業務に従事させていただきました。運用部門ではマニュアルの不具合やシステム障害対応など多数のお問い合わせをいただき、ナレッジの蓄積を行ってまいりました。実務経験を通して「システム運用」の重要性を経験し、運用の視点から設計を行うことにより顧客満足度の高いシステムの設計や次のお客様への品質の高いアプローチが可能であると考えています。

☞ 岡先生の講評

システムエンジニアという仕事に対して、自分なりの解釈を述べることで、この職種を深く理解した上で志望している印象を与えられています。これは、企業側の安心感に繋がります。また、志望職で発揮できる強み（＝自己PR）も充実しています。アルバイトやインターンを経験した強みを生かせています。この内容に、職の醍醐味として抱くイメージや、入社後、どのようなプロジェクトを希望しているかを加えましょう。

職に対する深い理解＋自己PR ＝最強の自己PR

Entry Sheet ブラッシュアップ例

私が「システムエンジニア」を志望する理由は、この職がプログラムを作る技術者であると同時に、❶**お客様の業務フロー解析によって改善点を見出し、ITを駆使して経営の効率化を導く、言わば「経営コンサルタント」でもあるからです。❷仕事を通して様々な企業の経営戦略に触れられ、さらに提案もできることに醍醐味を感じています。**

私の強みは、貴社のシステム運用部門での2年間の業務経験です。マニュアルの不具合やシステム障害の対応を通してナレッジを蓄積するとともに、システム運用の重要性、「運用の視点からシステム設計する」大切さを認識できております。❸**入社後は、貴社説明会でご紹介くださいました「社会インフラ系プロジェクト」への配属を希望しております。**希望する理由は、仕事を通して社会貢献を実感できるからです。顧客満足度を高めることを心掛けながら取り組みますので、是非、よろしくお願いいたします。

point ❶ 「お客様」が無駄に繰り返されているので削る

point ❷ 職の持つ醍醐味として、抱いている内容を加える

point ❸ 希望配属先を加え、ビジョンを持っていることを強調

事例

28

課題 職種志望動機2　アピールポイント 勤勉

ペンネーム RAP　志望職種 貿易事務

タイトル 目標実現のために積み重ねてきたこと

Entry Sheet

私が「貿易事務」を志望する理由は、中学時代からずっと英語を使える仕事につきたいと考えていたからです。大学時代には、約1年の英国留学経験もあります。この経験で、TOEICではスコア950の成果を上げることができました。また、大学では、貿易事務の仕事について教えていただける講義があり、そこで貿易事務という仕事について学びました。授業では、この職種で使われる用語や、輸出入がどのような経緯で行われるのかを勉強しました。その後、この講義だけでなく、もっと貿易事務について勉強したいと思い、日商ビジネス検定のビジネス英語検定3級にも挑戦し、合格することができました。貿易事務という仕事は、他国の法律や輸出入に関する決まりなど多くの知識と英語力を必要とするものだと思います。その中で、多少なりとも輸出入に関する知識があり、ある程度の英語力もある点において、貿易事務という職種で十二分に力を発揮できることが私の強みであると思います。

☞ 岡先生の講評

「その中で、**多少なりとも**輸出入に関する知識があり」「**ある程度**の英語力もある」と「**十二分に**力を発揮できる」…謙虚な意識とアピールする部分とのバランスに腐心された結果、表現が回りくどくなってしまったという印象です。添削例では、内容を壊さず、かつ文字数を減らすことに主眼を置いて硬派なESへの変化を示します。

文字数を削る作業が筋肉質なESにつながる

Entry Sheet ブラッシュアップ例

私は貿易事務を志望します。中学生のころから英語を駆使する仕事につきたいと考えており、このビジョンを実現するために、以下の努力をしてきました。

❷・大学時代、約1年間の英国留学。
・留学の成果を形で残すためTOEICに挑戦し、スコア950を獲得。
・貿易事務を学ぶ授業で、用語や輸出入のプロセス、関連する法律についての知識を修得。
・更に学びたいと考え、日商のビジネス英語検定3級に挑戦し、合格。

❸この経験は御社でも、十二分に役立つものと考えております。就職後も、実務を通して、これまで以上に学ぶ所存です。よろしくお願いいたします。

❶（添削前404文字→添削後254文字）

point ❶ 全体の文字数を削り重要なポイントを際立たせる

point ❷ 際立たせたい努力や成果は箇条書きで記述する

point ❸ 頑張った結果からの自信をてらいなくアピールする

事例 29

課題 職種志望動機3　　アピールポイント 傾聴力

ペンネーム　あいか　　志望職種　マーケティング職

タイトル　**夢の実現のために発揮できる私の強み**

Entry Sheet

私が「マーケティング職」を希望する理由は、「夢」が叶えられるからです。私の夢は、「男女共にワーク・ライフ・バランスの取れた社会を作ること」です。私はゼミで少子高齢社会に対する政策について学んでいます。今日、多くの女性が出産や育児を機に退職しています。その上位を占める理由は体力的・精神的に仕事と家事の両立が困難であるということでした。そこで、お客様のニーズを商品化し、家事の負担を軽減し、浮いた時間を家族が触れ合う時間に当ててほしいと考えました。

また、私はこの職種で相手が話しやすい環境を作り、聞くことができるという強みを発揮できます。私は友人や家族からよく相談を受けます。彼女らからは、「話しやすいから相談して良かった。この話はあなたに話したのが初めて。聞いてくれてありがとう」と言われます。そのため、お客様の声に心を傾け、まだ出されていないニーズを掘り起こし、商品開発につなげることができます。

岡先生の講評

「男女共にワーク・ライフ・バランスの取れた社会を作ること」という夢は、とても素晴らしいテーマです。このテーマに関連して、「多くの女性が出産や育児を機に退職しています。その上位を占める理由は体力的・精神的に仕事と家事の両立が困難である」という現状における問題意識も提示しているのが良い点です。この問題意識を活かすためにも、家族と触れ合う時間という別の話に展開させるのではなく、問題改善意識を強調してみましょう。

社会状況に対する問題意識で意識の高さをアピール

Entry Sheet ブラッシュアップ例

❶「男女共にワーク・ライフ・バランスの取れた社会を作る」この夢の実現を目指してマーケティング職を志望しています。ゼミで少子高齢社会について学び、「多くの女性が出産や育児を機に退職する」現状に問題意識を持ったのが、この夢を抱いたきっかけです。子育て・家事の優先は不思議ではないですが、離職率の高さに違和感を持ちました。そこで調査したところ、「体力的・精神的に仕事と家事の両立が困難」という退職理由が上位にあるのを知りました。**❷それならば、家事の負担を減らす商品を開発することで、女性の離職率を減らすことができないのかと考えました。**

私は友人や家族からよく相談を受け、「この話はあなたに話したのが初めて。聞いてくれてありがとう」と言われます。**❸これは、先入観を持たず、ただ素直に相手の話に耳を傾け、私の結論に導こうとしない姿勢が、評価に結び付いていると思います。**このような私ですので、脚色のない生のお客様の声を収集できます。そして、これをもとに、本当に求められているニーズをあぶり出し、よりよい商品開発につなげられると思います。

point ❶ **夢と現状に対する問題意識を前面に押し出す**

point ❷ **職種を通しての実現したいビジョンを加える**

point ❸ **相談相手から評価される理由を自己分析し加える**

事例 30

課題 職種志望動機4　アピールポイント 感性

ペンネーム ちきちき　志望職種 商品企画

タイトル お店を復活させた発想力

Entry Sheet

私は商品企画に携わる仕事を志望しています。それは私の強みは発想力にあると思うからです。私が飲食店でアルバイトをしていたころ、私の店では経営困難が続いていたため、その打開方法を店の仲間達と考えていました。

そこで皆で考えたことは「チラシ配り」などをして『顧客人数』を増やすことでした。しかし、それだけでは足りないと考えた私は、【トイレの改装】に着目しました。その理由として、顧客に気に入られるためには、まず身近で細かな所に配慮するべきだと考えたからです。その結果、顧客満足度が前月の50%も増え、お店の売上に貢献することができました。この経験を通じ私は『いつ、どこで、誰に、どのように、何をさせたいか』を考える力を身につけたと共に、誰かのために貢献する喜びと達成感を知ることができました。このことから私を生かせる職種が商品企画であると思うと同時に、この発想力を武器に世のために貢献していきたいと考えています。

岡先生の講評

「私の強みは発想力にある」というアピールの根拠として、「トイレの改装」の事例を紹介し、さらにその成果を数字で具体的に示す構成が良いです。ただ一方で、一つの発想の紹介に終始しているのが残念です。これ以外に発想し、提案し、実現した複数のことを紹介し、自分の発想力を数量で証明する意識を持って作成すると、読み手の納得感を高めることができるでしょう。

一つだけでは物足りない
複数で畳み掛けるアピールを!

Entry Sheet ブラッシュアップ例

❶商品企画に携わる仕事を志望しています。理由は、発想力が私の強みだからです。私がアルバイトをしていた飲食店は赤字が続き経営難でした。そのため、その打開策を店の仲間達と考えることになりました。例えば「チラシ配り」をして顧客数を増やすなどのアイデアが出ましたが、それだけでは足りないと考え、私は以下の提案をしました。

❷・トイレの改装

・定期的に新しいランチメニューを開発

・打ち合わせで使えるスペース作りとチラシでの宣伝

これらの提案理由は、顧客に気に入られるには、身近な物事への細い配慮や複数でご来店いただく動機づけになるものが必要と考えたからです。この提案に沿って店舗改善を図った結果、顧客満足度が前月の50%も増え、売上に貢献できました。**❸この経験を通じ、『いつ、どこで、誰に、どのように、何をさせたいか』を考える力が身につき、誰かのために貢献する喜びと達成感を知ることができました。**

point ❶「私」の多用を避け、読みやすくまとめる

point ❷ 複数の発想を、箇条書きで紹介

point ❸ 締めくくりは、冒頭部分と重複した内容を削除

事例 31

課題 職種志望動機5　アピールポイント コミュニケーション力

ペンネーム 食品メーカー志望　志望職種 営業

タイトル 大会での経験を生かして

Entry Sheet

私は営業職に魅力を感じています。なぜなら、たくさんの消費者に自社製品を購入してもらうために、多くの人々とコミュニケーションを取ることができるからです。かつ、私には関係構築力という強みがあります。私はテニスサークルに所属していて、大会運営委員として1年間仕事をしました。学内のサークルで行われる大会だったのですが、総数600人が参加するほど大規模でした。私の仕事は主にコートの予約･管理だったのですが、使用会場も多くとても大変でした。

大会の3カ月前から予約を行い、大会が近付くにつれてオーナーに確認の電話を何度もしました。大会中天候の影響で試合が延期になったりして日程にずれが生じました。なので、コートを再度予約し、キャンセルを何度もしました。キャンセルの電話をするのが遅れたことが何度かあり、その度に注意された経験もあります。しかし、大会が終わった後、お礼の電話をした時に「○○君は、はきはきしてて良かったよ」と言われ、名前も覚えてくれたことに感動しました。大会を通じて良い関係を構築できたと思います。

☞ 岡先生の講評

冒頭の「たくさんの消費者に…コミュニケーションを取ることができるから」のような記述では、志望職に対する理解が漠然としているように見えます。これでは読み手にも「イメージと違ったと言って、3年未満で辞めそうだな」との印象を持たれかねません。また、コートの予約をキャンセルしたエピソードが、「基本的な失敗を繰り返すようでは社会人としての資質に欠ける」と誤解を招きそうです。読み手に、どうとらえられる可能性があるかを考えながらの見直しが必要です。

誤解を受けぬよう弁明すべきことはする

Entry Sheet ブラッシュアップ例

営業職を志望します。**❶消費者に製品をご購入いただくまでには、商社、販売店など多くの方々のご協力が必要になります。これらの方々と良い関係を築き、フットワーク良く、状況に対応できることが私の強みです。**

この強みを特に発揮したのは、総勢600人が参加するテニス大会の運営委員として活動した1年間です。主にコートの予約・管理を担当しましたが、**❷使用会場は5カ所70面と多く、**とても大変でした。大会3カ月前から予約が始まり、大会が近付くにつれて、何度もオーナーに電話確認をすることが必要になります。また、大会中は天候の影響で1試合でも延期が生じれば、コートのキャンセルや再予約が必要になります。**❸天気予報が裏目に出るような急な天候悪化では、どうしてもキャンセルの連絡が遅れ、**オーナー様に迷惑をかけてしまうこともありました。しかし、大会終了後の挨拶時には「○○君は、はきはきして良かったよ」と褒められ、さらに名前も覚えてくださっていたことに、とても感動しました。

point ❶ **関係構築の対象を消費者から商社・販売店に変更**

point ❷ **管理の大変さを、コートの規模を具体的にすることで伝える**

point ❸ **キャンセル遅れの止むない理由を簡潔に弁明**

事例
32

課題 職種志望動機6　アピールポイント 営業体験

ペンネーム ドルドル　志望職種 営業

タイトル **営業の真髄に触れたインターンシップ**

Entry Sheet

3年の夏、インターンシップを体験させていただきました。実際に社会、会社とはどのような所かを肌で感じようと思い応募しました。私は、営業や接客業に興味があり、このインターン中に営業とは何かをテーマに取り組んできました。実際に営業同行をしてくださった先輩に聞き、時には取引先の企業の方にも尋ねてさまざまな話を聞くことができました。

一番印象に残っている話は、「営業とはお客様と企業の掛け橋であり、どれだけその橋を壊さずにいれて、なおかつお客様をどれだけ喜ばすことができるか」でした。なんとなく話を聞いていましたが、よく考えるととても大変なことなんだなと感じました。このインターンでは自分が思っていた営業とは違う面を肌で感じることができたことが最大の収穫だと思っています。

岡先生の講評

「営業とはお客様と企業の掛け橋であり、どれだけその橋を壊さずにいれて、なおかつお客様をどれだけ喜ばすことができるか」という先輩からの貴重なアドバイスを盛り込んでいるのは大正解です。一方、「なんとなく話を聞いていましたが、よく考えるととても大変なことなんだな」という漠然とした感想は、せっかくの好印象を相殺してしまっています。もっと、同行した先輩の姿を紹介し、学んだことを具体的に紹介しましょう。

見た・聞いた・肌で感じた体験を中心に志望職理解を強調

Entry Sheet ブラッシュアップ例

営業職を強く志望する私は、❶「営業とは何か」をテーマとして、3年の夏、インターンシップに臨みました。この体験を通して、社会、会社、仕事について学ぶことができましたが、❷中でも心に響いたのは、営業同行させていただいた先輩の「営業とはお客様と企業の掛け橋であり、どれだけその橋を壊さずにいれて、なおかつお客様をどれだけ喜ばすことができるか」という言葉です。20社程度に同行しましたが、先輩はどの会社でもお客様が納得する資料や案を提示できていました。また、帰社後は、「A社でこんな話が出たよね。だから、こんなデータを求めていると推測できるから、その資料を作ろう」と、すぐに資料作りに着手されていました。この資料作りの手伝いを通して、先輩の言葉を実現するには、誠実さと実際の行動が必要なことを知りました。❸また、これまで持っていた「足と根性で稼ぐ」という営業職のイメージは完全に覆り、「お客様のニーズを察知する洞察力と提案力で稼ぐ」ものと考えるようになりました。

point ❶ テーマを設定して取り組む姿勢を冒頭で強調

point ❷ 素晴らしいアドバイスを前半で用い印象を強化

point ❸ インターン前との認識の変化を紹介し、締めくくる

事例 33

課題 仕事ビジョン1　アピールポイント 探究心

ペンネーム can　志望部門 研究開発部門（食品）

タイトル 乳製品にかける私の夢

Entry Sheet

私が乳製品業界を志望した理由は、乳酸菌を用いたヨーグルトで癌治療を患者さんに提供したいと考えたからです。私は、現在、大学院で癌の免疫療法を研究しています。癌の免疫療法とは、患者さんの血液中の癌細胞を攻撃する免疫細胞を体外で増殖・活性化させた後、患者さんに戻します。患者さんの血液を使うので、副作用を軽減できる利点があります。今、研究していることを生かし、どんな人の腸にも存在し、免疫力を強化する作用を持つ乳酸菌で癌の治療ができないか考えました。更に、乳酸菌をおいしいヨーグルトに加工して、癌患者さんに提供し、製品化する予定です。抗癌剤ではないため、副作用もなく、癌患者さんに役立てたらと考えています。

☞ 岡先生の講評

「ヨーグルトで癌治療」という着眼、その着眼の基礎となる研究内容、そして、将来のビジョンと、書くべきことが盛り込まれた、良い内容です。この内容に、あなたの研究の日々の一端を紹介する内容を加えれば、より、あなたへの理解が深まるでしょう。

自分自身が担当している研究内容や成果を加えよう

Entry Sheet ブラッシュアップ例

乳製品業界を志望する理由は、乳酸菌、例えばヨーグルトを用いた癌治療を患者さんに提供したいと考えているからです。現在、大学院で癌の免疫療法を研究しています。**❶癌の免疫療法とは、患者さんの血液中にある癌細胞を攻撃する免疫細胞を体外で増殖・活性化させた後に再び体内に戻す方法です。自分の血液を使うので副作用を軽減できる利点があります。この療法の応用版として、どんな人の腸にも存在し、免疫力を強化する作用を持つ乳酸菌での癌治療に私は着目しています。**更に、治療効果を持たせた乳酸菌をおいしいヨーグルトに加工して製品化し、癌患者さんに提供することも目指しています。

❷現在は、ある地域住民の方々にご協力をいただき、乳酸菌飲料を毎日飲用するグループとそうでないグループに分け、比較データを収集しています。約3カ月の継続飲用で免疫力の数値が改善しただけでなく、健康になったなどの実感値も得られており、乳酸菌による**❸治療実現への手応えを感じながら、日々、充実した研究生活を送っています。**

point ❶ **乳酸菌治療の概要と自分の着眼を整理して記述**

point ❷ **自分が具体的に担当している内容を紹介する**

point ❸ **企業の期待度が高まる研究の「手応え」を報告**

事例
34

課題 仕事ビジョン2　　アピールポイント 貢献心

ペンネーム | mizu　　志望部門 | 営業本部（生命保険）

タイトル | 安心、成長のお手伝い

Entry Sheet

世界中に安心を届ける仕事がしたい。人々が安心して生活できるお手伝いをして社会に貢献したい。これが生命保険業界を志望する理由です。インターンシップを通して、保険が日本の人々の生活のリスクを填補し、勉強や文化活動に安心して挑戦できる生活の土台の一つとなっていることを理解できました。この大切さが目に見えた時、私も保険を仕事とする一人になりたいと思ったのです。

昨今、年金に関する問題などにより、「健康で文化的な生活」に不安を感じるお年寄りが増えています。また、世界中では保険がまだニーズに応えられていない国がかなりあることを知りました。そこで、目に見えにくい保険商品をお客様の目に見えるように営業し、そして、そこから感じたニーズをくみ取って、世界中が安心できる仕組みを作りたいです。

☞ 岡先生の講評

「世界中に安心…人々が安心…貢献したい」と、冒頭で志望する理由を示し、それが、インターンシップで得た知識がきっかけであることを示しているのが、結論先行のスタイルで良いです。また、「健康で文化的な生活に不安を感じる高齢者の増加」「世界的には保険が、日本ほど十分なシステムではない」という問題意識を示しているのも良いです。この「問題意識」の部分を掘り下げることで、より厚みのある志望動機となります。

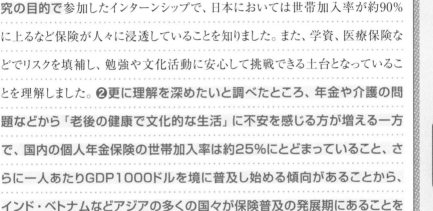

インターンシップの後に自分で更に調べた情報で印象UP

Entry Sheet ブラッシュアップ例

世界中に安心を届ける仕事がしたい。人々が安心して生活できるお手伝いをして社会に貢献したい。これが生命保険業界を志望する理由です。**❶業界研究の目的で**参加したインターンシップで、日本においては世帯加入率が約90%に上るなど保険が人々に浸透していることを知りました。また、学資、医療保険などでリスクを填補し、勉強や文化活動に安心して挑戦できる土台となっていることを理解しました。**❷更に理解を深めたいと調べたところ、年金や介護の問題などから「老後の健康で文化的な生活」に不安を感じる方が増える一方で、国内の個人年金保険の世帯加入率は約25%にとどまっていること、さらに一人あたりGDP1000ドルを境に普及し始める傾向があることから、インド・ベトナムなどアジアの多くの国々が保険普及の発展期にあることを知りました。**これは、**❸大きな商機があることも意味していると考えます。**そこで、私は業界の一員となって目に見えにくい保険商品をお客様の目に見えるように営業し、保険で支える人を一人でも増やしてゆきたいです。

point ❶ インターンシップ参加理由を通し志望の強さをアピール

point ❷ 問題意識に関連することで、自分で調べた情報を加える

point ❸ 世界には大きな商機があると認識していることを示す

事例 35

課題 仕事ビジョン3　　アピールポイント 挑戦心

ペンネーム くろ　　志望部門 業務用事業部（食品）

タイトル 食の安心・安全・楽しいの再生

Entry Sheet

食というものは生まれてから今に至るまで、更には生涯を終えるまでお世話になるもの、我々の生活とは切っても切れないものであります。賞味期限改ざん、産地偽装、小麦、バターの値上がり、さまざまな食に関する問題が頻繁に起こっていることが、この業界に目を向けたきっかけです。食は私達の体に栄養を与えてくれる肉体的なエネルギーとなる働きを持ち、更に、おいしい食事をすることによってまた明日も頑張ろうという精神的エネルギーにもなります。そこで、私は、食＝安全、安心、楽しいという当たり前のことをもう一度再生させたいと思います。また、メタボリックシンドロームの方向けのダイエット効果促進食品、忙しい方向けの手軽な栄養補助食品など、現代社会に生きる人々に勇気を与えることができる食品の現場に携わりたいと考えています。

岡先生の講評

「賞味期限改ざん、産地偽装…」と食に関連するニュースに触れ、日ごろからこのジャンルに対してアンテナを張れていることや、自分なりの言葉で食に対する認識を示せているのが良い点です。この内容に加えて、志望部門をコンシューマ事業部などの他部門ではなく、業務用事業部としている理由について詳しく記述しましょう。また、どちらかと言えば他部門に関連する「メタボリックシンドロームの方向けの…」部分は削ります。これにより、焦点の定まった内容になります。

志望部門に関連することに絞り筋肉質なESに仕上げる

Entry Sheet ブラッシュアップ例

❶「賞味期限改ざん、産地偽装、小麦やバターの値上がり」など、様々な問題が起きています。私は、「食＝安全、安心、楽しい」という当たり前のことをもう一度再生させたいと思います。

特に食とは、私達の体に栄養を与えるだけでなく、おいしく味わうことで、「また明日も頑張ろう」という精神的エネルギーを生み出す大切なものと考えています。❷この考えの元、私は人々の大きな楽しみの一つである「外食」という市場で、安全性の確保に力を注ぎたいと考えています。

「貴社から食材を購入しているから、安心して調理し、提供できる」

食材メーカーとして必須な信頼関係を通して、❸飲食チェーン、そしてご利用される消費者の皆様の安心な食環境の維持に貢献したいと考え、業務用事業部を志望します。

point ❶ 問題意識とビジョンを冒頭で紹介

point ❷ 業務用部門を志望する理由を説明する

point ❸ 志望事業部門を明確にして締めくくる

事例 36

課題 仕事ビジョン4　アピールポイント 積極性

ペンネーム のこのこ　志望部門 サポートセンター（旅行）

タイトル 一生に何度も何度も

Entry Sheet

私は大学3年間、結婚式場でアルバイトをしており、披露宴でのサービスだけでなく、来館したお客様への営業や披露宴での演出の提案にも携わってきました。式場を選んでもらえるよう自分なりのセールストークを作ったり、お客様の希望に沿った演出を一緒に考えたことで、披露宴当日お客様から「あなたのおかげで一生に一度の素敵な一日になりました。ありがとう」と言っていただけました。

そして就職は、一生に一度ではなく、何度もそのお客様の思い出を作っていける旅行の仕事につきたいと思うようになりました。忘れられない旅づくりのお手伝いをして、お客様から「ありがとう。またあなたにお願いしたい!」と言われるような、人の記憶に残る仕事を実現したいです。

岡先生の講評

「忘れられない旅づくりのお手伝いをして…人の記憶に残る仕事を実現したい」ということを志望理由に上げるのは間違っている訳ではないのですが、この理由だけでは、他の応募者との差別化が難しいでしょう。自分なりに探した業界情報を加え、差別化を図る意識を持って作成してください。次に、志望動機では、やはり、志望した動機について書く結論先行のスタイルがふさわしいので、自己PRは後半に移動しましょう。

サポートに関連させて不安に関する情報を加える

Entry Sheet ブラッシュアップ例

❶【ツアーサポートセンターで実現したいこと】

忘れられない旅づくりのお手伝いをして、お客様から「ありがとう。また貴社にお願いしたい!」と言われる仕事を実現します。

【私だからできること】

❷初めてだから、小さなお子様連れだから、病気になったら…これらの不安が旅を躊躇する主な理由になります。私も初めての海外旅行の時には不安でいっぱいでした。特に慎重な性格であるために、他の方に比べて不安は大きかったと思います。今もその性格は変わっていませんが、だからこそ、お客様に寄り添えるサポートができると考えています。

❸【生かせる経験】

大学3年間、結婚式場で披露宴のサービスに加え、式場をお奨めするセールストークや演出を考えてきました。披露宴当日、「あなたのおかげで一生に一度の素敵な一日になりました」と感謝されたこともあります。この経験を、何度も繰り返し思い出作りをサポートできる仕事で生かしたいです。

point ❶ 志望部門でのビジョンを見出し付きで記述

point ❷「旅行に抱く不安」に関連した情報を調べて加える

point ❸ アルバイト経験を通しての自己PRを後半に移動させる

事例 37

課題 仕事ビジョン5　　アピールポイント コミュニケーション力

ペンネーム　はな　　志望部門　販売部（サービス業界）

タイトル　**一期一会**

Entry Sheet

一期一会。一生の中で出会える人は世界中の中で一握りです。そしてさまざまな方がいらっしゃいます。人は切磋琢磨により視野を広げ成長していきます。私は、より多くの方と接し、人間としてずっと成長していきたいと思っております。相手のありのままを受け入れることにより、今までとは違った見方で物事をとらえることの面白みを知りました。私は、ぜひ、より多くの方に同じ地球にいる仲間のことを知っていただきたいと思いサービス業界を志望いたしました。いつの日か同じような考えの方が一人でも増えたなら私は幸せです。

岡先生の講評

「一期一会」「地球にいる仲間」など、とても平和的で壮大な内容ですが、志望動機としては落第です。理由は、「どの部門で、何をしたいのか？　また、その部門で、どんな力を発揮してくれそうか？」ということがつかめないため、評価不能（＝不合格）とせざるを得ないからです。このように仕事のビジョンが伝わらない抽象的な志望動機を提出する方は少なくないので気をつけましょう。この例では志望先を「消費財メーカーの販売部門」に設定し、原文に沿って添削します。違いを比較してください。

志望動機では志望会社を中心に具体的な内容を心掛けよう

Entry Sheet ブラッシュアップ例

人は出会いにより視野が広くなり、成長すると考えるため**❶販売部、特に百貨店を現場として活躍したいと考えています。**理由は、人が一生の中で得られる出会いには限りがありますが、**❷日本を訪れる外国人観光客が増え続ける中、**日本人はもちろん、世界中のさまざまな国の人と最も触れ合う機会を得られる仕事が、百貨店での販売現場だと考えているからです。この仕事を通して、貴社製品の特徴や性能を紹介するだけなく、「人々の日常がより良いものになるよう願っている」ことを伝えられたらと考えています。**❸製品をご購入されたお客様の、「この製品の効果は素晴らしい」といった感想が口コミで広がり、満足な瞬間を味わう人が世界中に増えるならば、私も幸せです。**

point ❶ 希望する部門、現場を冒頭で明確にする

point ❷ 「出会い」と関連するビジネスニュースに触れる

point ❸ 志望会社の製品を中心に置いて世界の幸せを表現する

事例 38

課題 仕事ビジョン6　　アピールポイント 専門知識

ペンネーム ひで坊　　志望部門 開発部（自動車）

タイトル　環境負荷ゼロの自動車

Entry Sheet

私は環境負荷ゼロの自動車を造り、そしてそれを広めたくて自動車メーカーを選びました。現在、地球温暖化が問題になっている中、環境負荷物質を低減する試みがさまざまな企業で行われています。その中でも私は自動車業界のEVや燃料電池車など製品をとおしての対策はもちろんのこと、それ以外にも地球環境に関する、長期目標や汚染対策を、さまざまな企業を巻き込んで掲げているところに興味を持ちました。そしてその取り組みに私も参加し、貢献したいと思っています。実例として私は、単に自動車を造るだけでなく、走らせても環境負荷物質であるNOxやCO_2を排出しない自動車を造りたいと考えています。今私が行っている電池と材料の技術を生かし、燃料電池と二次電池を組み合わせて、発生する熱を動力などに再利用することで走行距離を何千キロにもできるような開発をしたいと考えています。このように自動車の地球に与える影響を考え、将来的には環境負荷物質を一切排出せず、走れば走るほど空気がきれいになる自動車を作りたいと思っています。

岡先生の講評

次世代自動車をとりまく環境と、その開発を通して実現したいことが具体的に述べられていて良い内容です。ただ、充実した内容でも、一つの項目に対する説明や専門的な情報が長い場合には、読み手が読みづらいと感じるかもしれません。それでは内容も理解されにくいことに繋がり、意味がありません。単に文章を書き連ねるのではなく、複数の段落で構成し、読み手が理解しやすくなるよう工夫しましょう。

広い視野・アンテナ・ビジョンを3つの段落で構成する

Entry Sheet ブラッシュアップ例

地球温暖化という大きな問題に直面している現在。❶例えば住宅にはスマートハウスを、電力には再生可能エネルギーを推進するなど、環境負荷物質を低減する試みがさまざまな業界・企業で行われています。

このような中、私はNOxやCO_2を排出しない環境負荷ゼロの自動車を進化させ、世に広めたくて自動車メーカーを選びました。きっかけは、❷国が「2030年には新車販売に占める次世代自動車の割合を5～7割とする」と意欲的な目標を設定したことでした。さらに水素ステーションの整備がニュースでクローズアップされるなど、社会が加速度的に変化すると予感したためです。

現在、大学で電池と材料について研究しています。❸この研究を生かし、燃料電池と二次電池を組み合わせて、発生する熱を効率よく動力に再利用する仕組みを確立したいです。そして、その動力機関によって、航続距離を何千キロにも伸ばした自動車を開発することが、私のビジョンです。

point ❶ 第1段落では他業界動向にも触れ視野の広さをアピール

point ❷ 第2段落では次世代自動車関連の最新情報を調べ加える

point ❸ 第3段落では研究を生かしてのビジョンを紹介

事例 39

課題 仕事ビジョン7　アピールポイント 数字に強い

ペンネーム たぁ　志望部門 融資課（銀行）

タイトル　18年間珠算で養ったセンスを生かしたい

Entry Sheet

私が金融業、特に銀行業を志望した理由は2点あります。

1点目は、お客様と深い信頼関係を築き、一人一人の夢を形にしたいからです。私は3年間の家庭教師のアルバイトで、3人の生徒を高校受験に合格させました。そこから人の役に立つことの喜びとやりがいを感じました。これをきっかけにもっと多くの人を支えたいと思うようになりました。そのためには、私達の生活と密接にかかわる金融面でサポートすることが最適だと考え、お客様との心のつながりを深めてはじめて夢の実現に向けてアドバイスできるところに大変魅力を感じました。

2点目は、常に新しいことに挑戦し、日々成長し続けたいからです。金融業界では、年々お客様のニーズが多様化・高度化するため、より高度で専門的な知識を次々と習得し、お客様に満足していただけるサービスを提供できるよう常に心掛けなければならないと伺っております。私は、3歳から18年間続けている珠算を通して身につけた、常に上を目指す力を最大限に発揮したいと思います。

岡先生の講評

「生活と密接にかかわる金融」という点について、本当に実感できているのか不明です。後半も同様に「多様化・高度化」など響きの良いキーワードが並んでいますが、実際のところ、どのようにとらえているのか不明です。この疑問を残さないためにも、「密接」や「多様化・高度化」の実感を具体的に証明するエピソードや知識を盛り込みましょう。

響きの良いキーワードに頼らず実感できていることを証明する

Entry Sheet ブラッシュアップ例

私が金融業、特に銀行業を志望した理由は以下の2点です。

1, お客様と深い信頼関係を築き、一人一人の夢を形にしたいからです。

私は3年間の家庭教師を通して、3人の生徒を志望する高校に合格させました。この経験から、人の役に立つ喜びとやりがいを感じ、もっと多くの人が夢を実現する支えになりたいと思うようになりました。そこで私は、より多くの夢を支える業界を研究した結果、**❶私自身が学資ローンを活用していることや、住宅ローンが家族の生活の土台となっている事実から、銀行が最適だと考えました。**

2, 常に挑戦し、日々成長し続けたいからです。

資産管理や相続サービスなど、年々お客様のニーズが多様化・高度化するため、専門知識を次々と習得しなければならないと伺い、**❷3歳から18年間続けている珠算のセンスが強み**になると感じました。特に、**❸お客様の実情を把握し、継続的なお付き合いの範囲を見極めた融資が実行できるスキルを磨きたい**と考えています。

point ❶ 銀行と自分のかかわりを具体的に紹介する

point ❷ 珠算で培ったセンスが強みであると強調

point ❸ 特に興味を持っている業務内容に触れる

事例 40

課題 仕事ビジョン8　アピールポイント 貢献心

ペンネーム ゆきんこ　志望部門 医薬営業本部（製薬）

タイトル 人間の幸せに貢献する

Entry Sheet

　大学で学んだ薬学の知識を生かして、患者様とその御家族の幸せに貢献したいからです。人間にとって一番の幸せは「健康」だと考えます。健康でなければ、何をするにも心から幸せを感じることができないと思うからです。

　昨年4月に父を心筋梗塞で亡くしました。大切な人を失う悲しみやつらさは、想像をはるかに超えるものでした。しかし、そのような経験をしたからこそ「自分が経験したような深い悲しみを、患者様を支える御家族には経験させたくない!!」と強く思いました。

　現在、日本の医療に医薬品は欠かせません。どんなに良い医薬品が研究・開発されても、患者様に使っていただけなければただの化合物になってしまいます。そこで医薬品メーカーと患者様の架け橋であるMRとして、ドクターに患者様一人一人に合った最適な薬物治療を提案し、医薬品を正しく使用していただくことで、患者様が快方に向かうために力を尽くし、御家族に安心していただけるように努めていきたいと考えております。

☞ 岡先生の講評

　それほど多く手を加える必要のない想いのこもった、そして、その想いが読み手に伝わる志望動機です。添削では、内容に手を加えず、文章の順番を入れ替えてみます。比較すると、より想いが伝わるものになったと感じていただけると思います。このように、でき上がったものの順番を入れ替えるだけで、文章をさらにブラッシュアップして、効果的にする余地はあるのです。

構成を変えることでブラッシュアップを図る

Entry Sheet ブラッシュアップ例

❶「自分が経験したような深い悲しみを、患者様を支える御家族には経験させたくない!!」この想いからMRを志望しております。私は昨年4月に父を心筋梗塞で亡くしました。大切な人を失う悲しみやつらさは、想像をはるかに超えるものでした。❷そして、人間にとって一番の幸せは「健康」だと改めて強く考えるようになりました。健康でなければ、何をするにも心から幸せを感じることができないと実感したからです。この想いから、❸私は薬学の勉強にますます力を入れております。

現在、日本の医療に医薬品は欠かせません。どんなに良い医薬品が研究・開発されても、患者様に使っていただけなければ、ただの化合物になってしまいます。そこで医薬品メーカーと患者様の架け橋であるMRとして、ドクターに患者様一人一人に合った最適な薬物治療を提案し、医薬品の正しい使用をサポートしたいです。そして、患者様が快方に向かうために力を尽くし、御家族に安心していただけるように努めていきたいと考えております。

point ❶ 経験からの深い想いを冒頭に移動させ強調する

point ❷ 悲しい体験と健康に対する認識を繋げ説得力を高める

point ❸ 悲しい経験をバネに勉強に注力していることをアピール

memo

memo

【著者紹介】岡 茂信（おか しげのぶ）

現在東証プライムの情報システム開発企業での、延べ10000人以上の面接・採用選考経験を元に、1999年にジョブ・アナリストとして独立。全国のさまざまな大学及び就職イベントでの講演などで活躍してきた。また一方では、有名企業に対し採用アドバイスも行った。企業の採用手法および意図を知り尽くした存在として、毎年、多くの就職活動生から頼りにされてきた。「ハートを込める大切さと、そのハートを表現する力を磨く大切さに、この就活を通して気付いてほしい」―これが就活アドバイスを通して、著者が一番伝えたいことである。著書に小社オフィシャル就活BOOKシリーズ「内定獲得のメソッド 自己分析 適職へ導く書き込み式ワークシート」、「内定獲得のメソッド 就職活動がまるごと分かる本 いつ? どこで? なにをする?」などがある。
ウェブサイト「岡茂信の就活の根っこ」（http://ameblo.jp/okashigenobu/）

編集	太田健作（verb）
カバーデザイン	掛川竜
デザイン・DTP	NO DESIGN
イラスト	コットンズ

内定獲得のメソッド
エントリーシート　実例で分かる書き方

著者	岡 茂信
発行者	角竹輝紀
発行所	株式会社マイナビ出版 〒101-0003 東京都千代田区一ツ橋2-6-3 一ツ橋ビル 2F 電話　0480-38-6872（注文専用ダイヤル） 03-3556-2731（販売） 03-3556-2735（編集） URL　https://book.mynavi.jp
印刷・製本	中央精版印刷株式会社

※定価はカバーに記載してあります。
※本書の内容に関するご質問は、電話では受け付けておりません。ご質問などがございましたら恐れ入りますが（株）マイナビ出版編集第2部まで返信切手・返信用封筒をご同封のうえ、封書にてお送りください。
※乱丁・落丁本についてのお問い合わせは、TEL：0480-38-6872【注文専用ダイヤル】、または電子メール：sas@mynavi.jpまでお願いします。